SPANISH
VERBS

SPANISH
VERBS

GEDDES & GROSSET

This edition published 2001 by Geddes & Grosset

© 2001 Geddes & Grosset,
David Dale House, New Lanark ML11 9DJ, Scotland

ISBN 1 84205 090 7

Printed and bound in the UK

Verb Forms

Auxiliary: auxiliary verbs are used to form compound tenses of verbs, eg *have* in *I have seen*. The auxiliary verb in Spanish is *haber*.

Compound: compound tenses are verb tenses consisting of more than one element. In Spanish, compound tenses are formed by the auxiliary verb and the *past participle*, eg *ha escrito – he has written*.

Conditional: the *conditional* is introduced in English by the auxiliary *would*, eg *I would come if I had the time*. In Spanish, this is rendered by a single verb form, eg *vendría*.

Imperative: the *imperative* is used for giving orders, eg *estáte formal – be good*, or making suggestions, eg *vámonos – let's go*.

Imperfect indicative: in Spanish this tense describes habitual or continuous action in the past, eg *hablábamos*.

Indicative: the normal form of a verb, as in *hablo – I speak*, *ha venido – he has come*, *estoy probando – I am trying*.

Perfect indicative: this is one of the two tenses (the other is the *preterite*) used to describe completed past action in Spanish. It comprises the *auxiliary haber* and the *past participle*, eg *he visto – I have seen*.

Pluperfect indicative: in Spanish and English, this tense is used to describe an action occurring in the past before another past action, eg *había ido antes de que llegué – he had gone before I arrived*. In Spanish the *pluperfect indicative* is formed by the *imperfect indicative* of *haber* and the *past participle*, eg *habían comenzado – they had started*.

Preterite: this tense is used to describe completed past action, eg *llegó ayer – he arrived yesterday*.

Past participle: this is the form used after the auxiliary *have* in English and after *haber* in Spanish, eg *comido – eaten* in *he comido – I have eaten*.

Present participle: this is the form which ends in *-ing* in English, eg *singing – cantando*.

Subjunctive: the subjunctive exists in English but goes almost unnoticed as it almost always takes the same form as the indicative. One exception is *if I were you*. It is however widely used in Spanish

abrir *to open*

Gerund abriendo *Past participle* abierto

Present indicative	*Present subjunctive*
abro	abra
abres	abras
abre	abra
abrimos	abramos
abrís	abráis
abren	abran

Imperfect indicative	*Imperfect subjunctive*
abría	abriera
abrías	abrieras
abría	abriera
abríamos	abriéramos
abríais	abrierais
abrían	abrieran

Preterite	*Future*
abrí	abriré
abriste	abrirás
abrió	abrirá
abrimos	abriremos
abristeis	abriréis
abrieron	abrirán

Perfect indicative	*Conditional*
he abierto	abriría
has abierto	abrirías
ha abierto	abriría
hemos abierto	abriríamos
habéis abierto	abriríais
han abierto	abrirían

Pluperfect indicative	*Imperative*
había abierto	–
habías abierto	abre
había abierto	abra
habíamos abierto	abramos
habíais abierto	abrid
habían abierto	abran

aburrir *to bore, annoy*

Gerund aburriendo *Past participle* aburrido

Present indicative	*Present subjunctive*
aburro	aburra
aburres	aburras
aburre	aburra
aburrimos	aburramos
aburrís	aburráis
aburren	aburran

Imperfect indicative	*Imperfect subjunctive*
aburría	aburriera
aburrías	aburrieras
aburría	aburriera
aburríamos	aburriéramos
aburríais	aburrierais
aburrían	aburrieran

Preterite	*Future*
aburrí	aburriré
aburriste	aburrirás
aburrió	aburrirá
aburrimos	aburriremos
aburristeis	aburriréis
aburrieron	aburrirán

Perfect indicative	*Conditional*
he aburrido	aburriría
has aburrido	aburrirías
ha aburrido	aburriría
hemos aburrido	aburriríamos
habéis aburrido	aburriríais
han aburrido	aburrirían

Pluperfect indicative	*Imperative*
había aburrido	–
habías aburrido	aburre
había aburrido	aburra
habíamos aburrido	aburramos
habíais aburrido	aburrid
habían aburrido	aburran

acabar *to finish*

Gerund acabando *Past participle* acabado

Present indicative	*Present subjunctive*
acabo	acabe
acabas	acabes
acaba	acabe
acabamos	acabemos
acabáis	acabéis
acaban	acaben

Imperfect indicative	*Imperfect subjunctive*
acababa	acabara
acababas	acabaras
acababa	acabara
acabábamos	acabáramos
acababais	acabarais
acababan	acabaran

Preterite	*Future*
acabé	acabaré
acabaste	acabarás
acabó	acabará
acabamos	acabaremos
acabasteis	acabaréis
acabaron	acabarán

Perfect indicative	*Conditional*
he acabado	acabaría
has acabado	acabarías
ha acabado	acabaría
hemos acabado	acabaríamos
habéis acabado	acabaríais
han acabado	acabarían

Pluperfect indicative	*Imperative*
había acabado	–
habías acabado	acaba
había acabado	acabe
habíamos acabado	acabemos
habíais acabado	acabad
habían acabado	acaben

9

aceptar *to accept*

Gerund aceptando *Past participle* aceptado

Present indicative	*Present subjunctive*
acepto	acepte
aceptas	aceptes
acepta	acepte
aceptamos	aceptemos
aceptáis	aceptéis
aceptan	acepten

Imperfect indicative	*Imperfect subjunctive*
aceptaba	aceptara
aceptabas	aceptaras
aceptaba	aceptara
aceptábamos	aceptáramos
aceptabais	aceptarais
aceptaban	aceptaran

Preterite	*Future*
acepté	aceptaré
aceptaste	aceptarás
aceptó	aceptará
aceptamos	aceptaremos
aceptasteis	aceptaréis
aceptaron	aceptarán

Perfect indicative	*Conditional*
he aceptado	aceptaría
has aceptado	aceptarías
ha aceptado	aceptaría
hemos aceptado	aceptaríamos
habéis aceptado	aceptaríais
han aceptado	aceptarían

Pluperfect indicative	*Imperative*
había aceptado	–
habías aceptado	acepta
había aceptado	acepte
habíamos aceptado	aceptemos
habíais aceptado	aceptad
habían aceptado	acepten

aconsejar *to advise*

Gerund aconsejando *Past participle* aconsejado

Present indicative	*Present subjunctive*
aconsejo	aconseje
aconsejas	aconsejes
aconseja	aconseje
aconsejamos	aconsejemos
aconsejáis	aconsejéis
aconsejan	aconsejen

Imperfect indicative	*Imperfect subjunctive*
aconsejaba	aconsejara
aconsejabas	aconsejaras
aconsejaba	aconsejara
aconsejábamos	aconsejáramos
aconsejabais	aconsejarais
aconsejaban	aconsejaran

Preterite	*Future*
aconsejé	aconsejaré
aconsejaste	aconsejarás
aconsejó	aconsejará
aconsejamos	aconsejaremos
aconsejasteis	aconsejaréis
aconsejaron	aconsejarán

Perfect indicative	*Conditional*
he aconsejado	aconsejaría
has aconsejado	aconsejarías
ha aconsejado	aconsejaría
hemos aconsejado	aconsejaríamos
habéis aconsejado	aconsejaríais
han aconsejado	aconsejarían

Pluperfect indicative	*Imperative*
había aconsejado	–
habías aconsejado	aconseja
había aconsejado	aconseje
habíamos aconsejado	aconsejemos
habíais aconsejado	aconsejad
habían aconsejado	aconsejen

11

acordarse *to remember*
Gerund acordándose *Past participle* acordado

Present indicative
me acuerdo
te acuerdas
se acuerda
nos acordamos
os acordáis
se acuerdan

Present subjunctive
me acuerde
te acuerdes
se acuerde
nos acordemos
os acordéis
se acuerden

Imperfect indicative
me acordaba
te acordabas
se acordaba
nos acordábamos
os acordabais
se acordaban

Imperfect subjunctive
me acordara
te acordaras
se acordara
nos acordáramos
os acordarais
se acordaran

Preterite
me acordé
te acordaste
se acordó
nos acordamos
os acordasteis
se acordaron

Future
me acordaré
te acordarás
se acordará
nos acordaremos
os acordaréis
se acordarán

Perfect indicative
me he acordado
te has acordado
se ha acordado
nos hemos acordado
os habéis acordado
se han acordado

Conditional
me acordaría
te acordarías
se acordaría
nos acordaríamos
os acordaríais
se acordarían

Pluperfect indicative
me había acordado
te habías acordado
se había acordado
nos habíamos acordado
os habíais acordado
se habían acordado

Imperative
–
acuérdate
acuérdese
acordémonos
acordaos
acuérdense

acostarse *to go to bed*

Gerund acostándose *Past participle* acostado

Present indicative	*Present subjunctive*
me acuesto	me acueste
te acuestas	te acuestes
se acuesta	se acueste
nos acostamos	nos acostemos
os acostáis	os acostéis
se acuestan	se acuesten

Imperfect indicative	*Imperfect subjunctive*
me acostaba	me acostara
te acostabas	te acostaras
se acostaba	se acostara
nos acostábamos	nos acostáramos
os acostabais	os acostarais
se acostaban	se acostaran

Preterite	*Future*
me acosté	me acostaré
te acostaste	te acostarás
se acostó	se acostará
nos acostamos	nos acostaremos
os acostasteis	os acostaréis
se acostaron	se acostarán

Perfect indicative	*Conditional*
me he acostado	me acostaría
te has acostado	te acostarías
se ha acostado	se acostaría
nos hemos acostado	nos acostaríamos
os habéis acostado	os acostaríais
se han acostado	se acostarían

Pluperfect indicative	*Imperative*
me había acostado	–
te habías acostado	acuéstate
se había acostado	acuéstese
nos habíamos acostado	acostémonos
os habíais acostado	acostaos
se habían acostado	acuéstense

agradecer *to thank*

Gerund agradeciendo *Past participle* agradecido

Present indicative	*Present subjunctive*
agradezco	agradezca
agradeces	agradezcas
agradece	agradezca
agradecemos	agradezcamos
agradecéis	agradezcáis
agradecen	agradezcan

Imperfect indicative	*Imperfect subjunctive*
agradecía	agradeciera
agradecías	agradecieras
agradecía	agradeciera
agradecíamos	agradeciéramos
agradecíais	agradecierais
agradecían	agradecieran

Preterite	*Future*
agradecí	agradeceré
agradeciste	agradecerás
agradeció	agradecerá
agradecimos	agradeceremos
agradecisteis	agradeceréis
agradecieron	agradecerán

Perfect indicative	*Conditional*
he agradecido	agradecería
has agradecido	agradecerías
ha agradecido	agradecería
hemos agradecido	agradeceríamos
habéis agradecido	agradeceríais
han agradecido	agradecerían

Pluperfect indicative	*Imperative*
había agradecido	–
habías agradecido	agradece
había agradecido	agradezca
habíamos agradecido	agradezcamos
habíais agradecido	agradeced
habían agradecido	agradezcan

14

alcanzar *to reach*

Gerund alcanzando *Past participle* alcanzado

Present indicative	*Present subjunctive*
alcanzo	alcance
alcanzas	alcances
alcanza	alcance
alcanzamos	alcancemos
alcanzáis	alcancéis
alcanzan	alcancen

Imperfect indicative	*Imperfect subjunctive*
alcanzaba	alcanzara
alcanzabas	alcanzaras
alcanzaba	alcanzara
alcanzábamos	alcanzáramos
alcanzabais	alcanzarais
alcanzaban	alcanzaran

Preterite	*Future*
alcancé	alcanzaré
alcanzaste	alcanzarás
alcanzó	alcanzará
alcanzamos	alcanzaremos
alcanzasteis	alcanzaréis
alcanzaron	alcanzarán

Perfect indicative	*Conditional*
he alcanzado	alcanzaría
has alcanzado	alcanzarías
ha alcanzado	alcanzaría
hemos alcanzado	alcanzaríamos
habéis alcanzado	alcanzaríais
han alcanzado	alcanzarían

Pluperfect indicative	*Imperative*
había alcanzado	–
habías alcanzado	alcanza
había alcanzado	alcance
habíamos alcanzado	alcancemos
habíais alcanzado	alcanzad
habían alcanzado	alcancen

15

almorzar *to have lunch*

Gerund almorzando *Past participle* almorzado

Present indicative	Present subjunctive
almuerzo	almuerce
almuerzas	almuerces
almuerza	almuerce
almorzamos	almorcemos
almorzáis	almorcéis
almuerzan	almuercen

Imperfect indicative	Imperfect subjunctive
almorzaba	almorzara
almorzabas	almorzaras
almorzaba	almorzara
almorzábamos	almorzáramos
almorzabais	almorzarais
almorzaban	almorzaran

Preterite	Future
almorcé	almorzaré
almorzaste	almorzarás
almorzó	almorzará
almorzamos	almorzaremos
almorzasteis	almorzaréis
almorzaron	almorzarán

Perfect indicative	Conditional
he almorzado	almorzaría
has almorzado	almorzarías
ha almorzado	almorzaría
hemos almorzado	almorzaríamos
habéis almorzado	almorzaríais
han almorzado	almorzarían

Pluperfect indicative	Imperative
había almorzado	–
habías almorzado	almuerza
había almorzado	almuerce
habíamos almorzado	almorcemos
habíais almorzado	almorzad
habían almorzado	almuercen

amar *to love*

Gerund amando *Past participle* amado

Present indicative	*Present subjunctive*
amo	ame
amas	ames
ama	ame
amamos	amemos
amáis	améis
aman	amen
Imperfect indicative	*Imperfect subjunctive*
amaba	amara
amabas	amaras
amaba	amara
amábamos	amáramos
amabais	amarais
amaban	amaran
Preterite	*Future*
amé	amaré
amaste	amarás
amó	amará
amamos	amaremos
amasteis	amaréis
amaron	amarán
Perfect indicative	*Conditional*
he amado	amaría
has amado	amarías
ha amado	amaría
hemos amado	amaríamos
habéis amado	amaríais
han amado	amarían
Pluperfect indicative	*Imperative*
había amado	–
habías amado	ama
había amado	ame
habíamos amado	amemos
habíais amado	amad
habían amado	amen

andar *to walk*

Gerund andando *Past participle* andado

Present indicative	*Present subjunctive*
ando	ande
andas	andes
anda	ande
andamos	andemos
andáis	andéis
andan	anden

Imperfect indicative	*Imperfect subjunctive*
andaba	anduviera
andabas	anduvieras
andaba	anduviera
andábamos	anduviéramos
andabais	anduvierais
andaban	anduvieran

Preterite	*Future*
anduve	andaré
anduviste	andarás
anduvo	andará
anduvimos	andaremos
anduvisteis	andaréis
anduvieron	andarán

Perfect indicative	*Conditional*
he andado	andaría
has andado	andarías
ha andado	andaría
hemos andado	andaríamos
habéis andado	andaríais
han andado	andarían

Pluperfect indicative	*Imperative*
había andado	–
habías andado	anda
había andado	ande
habíamos andado	andemos
habíais andado	andad
habían andado	anden

18

aparecer *to appear*

Gerund apareciendo *Past participle* aparecido

Present indicative	*Present subjunctive*
aparezco	aparezca
apareces	aparezcas
aparece	aparezca
aparecemos	aparezcamos
aparecéis	aparezcáis
aparecen	aparezcan

Imperfect indicative	*Imperfect subjunctive*
aparecía	apareciera
aparecías	aparecieras
aparecía	apareciera
aparecíamos	apareciéramos
aparecíais	aparecierais
aparecían	aparecieran

Preterite	*Future*
aparecí	apareceré
apareciste	aparecerás
apareció	aparecerá
aparecimos	apareceremos
aparecisteis	apareceréis
aparecieron	aparecerán

Perfect indicative	*Conditional*
he aparecido	aparecería
has aparecido	aparecerías
ha aparecido	aparecería
hemos aparecido	apareceríamos
habéis aparecido	apareceríais
han aparecido	aparecerían

Pluperfect indicative	*Imperative*
había aparecido	–
habías aparecido	aparece
había aparecido	aparezca
habíamos aparecido	aparezcamos
habíais aparecido	apareced
habían aparecido	aparezcan

19

aprender *to learn*

Gerund aprendiendo *Past participle* aprendido

Present indicative	*Present subjunctive*
aprendo	aprenda
aprendes	aprendas
aprende	aprenda
aprendemos	aprendamos
aprendéis	aprendáis
aprenden	aprendan

Imperfect indicative	*Imperfect subjunctive*
aprendía	aprendiera
aprendías	aprendieras
aprendía	aprendiera
aprendíamos	aprendiéramos
aprendíais	aprendierais
aprendían	aprendieran

Preterite	*Future*
aprendí	aprenderé
aprendiste	aprenderás
aprendió	aprenderá
aprendimos	aprenderemos
aprendisteis	aprenderéis
aprendieron	aprenderán

Perfect indicative	*Conditional*
he aprendido	aprendería
has aprendido	aprenderías
ha aprendido	aprendería
hemos aprendido	aprenderíamos
habéis aprendido	aprenderíais
han aprendido	aprenderían

Pluperfect indicative	*Imperative*
había aprendido	–
habías aprendido	aprende
había aprendido	aprenda
habíamos aprendido	aprendamos
habíais aprendido	aprended
habían aprendido	aprendan

aprobar *to approve*

Gerund aprobando *Past participle* aprobado

Present indicative	*Present subjunctive*
apruebo	apruebe
apruebas	apruebes
aprueba	apruebe
aprobamos	aprobemos
aprobáis	aprobéis
aprueban	aprueben

Imperfect indicative	*Imperfect subjunctive*
aprobaba	aprobara
aprobabas	aprobaras
aprobaba	aprobara
aprobábamos	aprobáramos
aprobabais	aprobarais
aprobaban	aprobaran

Preterite	*Future*
aprobé	aprobaré
aprobaste	aprobarás
aprobó	aprobará
aprobamos	aprobaremos
aprobasteis	aprobaréis
aprobaron	aprobarán

Perfect indicative	*Conditional*
he aprobado	aprobaría
has aprobado	aprobarías
ha aprobado	aprobaría
hemos aprobado	aprobaríamos
habéis aprobado	aprobaríais
han aprobado	aprobarían

Pluperfect indicative	*Imperative*
había aprobado	–
habías aprobado	aprueba
había aprobado	apruebe
habíamos aprobado	aprobemos
habíais aprobado	aprobad
habían aprobado	aprueben

21

argüir *to argue*

Gerund arguyendo *Past participle* argüido

Present indicative	Present subjunctive
arguyo	arguya
arguyes	arguyas
arguye	arguya
argüimos	arguyamos
argüís	arguyáis
arguyen	arguyan

Imperfect indicative	Imperfect subjunctive
argüía	arguyera
argüías	arguyeras
argüía	arguyera
argüíamos	arguyéramos
argüíais	arguyerais
argüían	arguyeran

Preterite	Future
argüí	argüiré
argüiste	argüirás
arguyó	argüirá
argüimos	argüiremos
argüisteis	argüiréis
arguyeron	argüirán

Perfect indicative	Conditional
he argüido	argüiría
has argüido	argüirías
ha argüido	argüiría
hemos argüido	argüiríamos
habéis argüido	argüiríais
han argüido	argüirían

Pluperfect indicative	Imperative
había argüido	–
habías argüido	arguye
había argüido	arguya
habíamos argüido	arguyamos
habíais argüido	argüid
habían argüido	arguyan

arreglar *to arrange*

Gerund arreglando *Past participle* arreglado

Present indicative	*Present subjunctive*
arreglo	arregle
arreglas	arregles
arregla	arregle
arreglamos	arreglemos
arregláis	arregléis
arreglan	arreglen

Imperfect indicative	*Imperfect subjunctive*
arreglaba	arreglara
arreglabas	arreglaras
arreglaba	arreglara
arreglábamos	arregláramos
arreglabais	arreglarais
arreglaban	arreglaran

Preterite	*Future*
arreglé	arreglaré
arreglaste	arreglarás
arregló	arreglará
arreglamos	arreglaremos
arreglasteis	arreglaréis
arreglaron	arreglarán

Perfect indicative	*Conditional*
he arreglado	arreglaría
has arreglado	arreglarías
ha arreglado	arreglaría
hemos arreglado	arreglaríamos
habéis arreglado	arreglaríais
han arreglado	arreglarían

Pluperfect indicative	*Imperative*
había arreglado	–
habías arreglado	arregla
había arreglado	arregle
habíamos arreglado	arreglemos
habíais arreglado	arreglad
habían arreglado	arreglen

atravesar *to cross*

Gerund atravesando *Past participle* atravesado

Present indicative	*Present subjunctive*
atravieso	atraviese
atraviesas	atravieses
atraviesa	atraviese
atravesamos	atravesemos
atravesáis	atraveséis
atraviesan	atraviesen

Imperfect indicative	*Imperfect subjunctive*
atravesaba	atravesara
atravesabas	atravesaras
atravesaba	atravesara
atravesábamos	atravesáramos
atravesabais	atravesarais
atravesaban	atravesaran

Preterite	*Future*
atravesé	atravesaré
atravesaste	atravesarás
atravesó	atravesará
atravesamos	atravesaremos
atravesasteis	atravesaréis
atravesaron	atravesarán

Perfect indicative	*Conditional*
he atravesado	atravesaría
has atravesado	atravesarías
ha atravesado	atravesaría
hemos atravesado	atravesaríamos
habéis atravesado	atravesaríais
han atravesado	atravesarían

Pluperfect indicative	*Imperative*
había atravesado	–
habías atravesado	atraviesa
había atravesado	atraviese
habíamos atravesado	atravesemos
habíais atravesado	atravesad
habían atravesado	atraviesen

avergonzarse *to be ashamed*

Gerund avergonzándose *Past participle* avergonzado

Present indicative	*Present subjunctive*
me avergüenzo	me avergüence
te avergüenzas	te avergüences
se avergüenza	se avergüence
nos avergonzamos	nos avergoncemos
os avergonzáis	os avergoncéis
se avergüenzan	se avergüencen
Imperfect indicative	*Imperfect subjunctive*
me avergonzaba	me avergonzara
te avergonzabas	te avergonzaras
se avergonzaba	se avergonzara
nos avergonzábamos	nos avergonzáramos
os avergonzabais	os avergonzarais
se avergonzaban	se avergonzaran
Preterite	*Future*
me avergoncé	me avergonzaré
te avergonzaste	te avergonzarás
se avergonzó	se avergonzará
nos avergonzamos	nos avergonzaremos
os avergonzasteis	os avergonzaréis
se avergonzaron	se avergonzarán
Perfect indicative	*Conditional*
me he avergonzado	me avergonzaría
te has avergonzado	te avergonzarías
se ha avergonzado	se avergonzaría
nos hemos avergonzado	nos avergonzaríamos
os habéis avergonzado	os avergonzaríais
se han avergonzado	se avergonzarían
Pluperfect indicative	*Imperative*
me había avergonzado	–
te habías avergonzado	avergüénzate
se había avergonzado	avergüéncese
nos habíamos avergonzado	avergoncémonos
os habíais avergonzado	avergonzaos
se habían avergonzado	avergüéncense

averiguar *to find out, verify*

Gerund averiguando *Past participle* averiguado

Present indicative	*Present subjunctive*
averiguo	averigüe
averiguas	averigües
averigua	averigüe
averiguamos	averigüemos
averiguáis	averigüéis
averiguan	averigüen

Imperfect indicative	*Imperfect subjunctive*
averiguaba	averiguara
averiguabas	averiguaras
averiguaba	averiguara
averiguábamos	averiguáramos
averiguabais	averiguarais
averiguaban	averiguaran

Preterite	*Future*
averigüé	averiguaré
averiguaste	averiguarás
averiguó	averiguará
averiguamos	averiguaremos
averiguasteis	averiguaréis
averiguaron	averiguarán

Perfect indicative	*Conditional*
he averiguado	averiguaría
has averiguado	averiguarías
ha averiguado	averiguaría
hemos averiguado	averiguaríamos
habéis averiguado	averiguaríais
han averiguado	averiguarían

Pluperfect indicative	*Imperative*
había averiguado	–
habías averiguado	averigua
había averiguado	averigüe
habíamos averiguado	averigüemos
habíais averiguado	averiguad
habían averiguado	averigüen

bajar *to go down*

Gerund bajando *Past participle* bajado

Present indicative	*Present subjunctive*
bajo	baje
bajas	bajes
baja	baje
bajamos	bajemos
bajáis	bajéis
bajan	bajen

Imperfect indicative	*Imperfect subjunctive*
bajaba	bajara
bajabas	bajaras
bajaba	bajara
bajábamos	bajáramos
bajabais	bajarais
bajaban	bajaran

Preterite	*Future*
bajé	bajaré
bajaste	bajarás
bajó	bajará
bajamos	bajaremos
bajasteis	bajaréis
bajaron	bajarán

Perfect indicative	*Conditional*
he bajado	bajaría
has bajado	bajarías
ha bajado	bajaría
hemos bajado	bajaríamos
habéis bajado	bajaríais
han bajado	bajarían

Pluperfect indicative	*Imperative*
había bajado	–
habías bajado	baja
había bajado	baje
habíamos bajado	bajemos
habíais bajado	bajad
habían bajado	bajen

bañarse *to bathe, have a bath*

Gerund bañándose *Past participle* bañado

Present indicative
me baño
te bañas
se baña
nos bañamos
os bañáis
se bañan

Present subjunctive
me bañe
te bañes
se bañe
nos bañemos
os bañéis
se bañen

Imperfect indicative
me bañaba
te bañabas
se bañaba
nos bañábamos
os bañabais
se bañaban

Imperfect subjunctive
me bañara
te bañaras
se bañara
nos bañáramos
os bañarais
se bañaran

Preterite
me bañé
te bañaste
se bañó
nos bañamos
os bañasteis
se bañaron

Future
me bañaré
te bañarás
se bañará
nos bañaremos
os bañaréis
se bañarán

Perfect indicative
me he bañado
te has bañado
se ha bañado
nos hemos bañado
os habéis bañado
se han bañado

Conditional
me bañaría
te bañarías
se bañaría
nos bañaríamos
os bañaríais
se bañarían

Pluperfect indicative
me había bañado
te habías bañado
se había bañado
nos habíamos bañado
os habíais bañado
se habían bañado

Imperative
–
báñate
báñese
bañémonos
bañaos
báñense

beber *to drink*

Gerund bebiendo *Past participle* bebido

Present indicative	*Present subjunctive*
bebo	beba
bebes	bebas
bebe	beba
bebemos	bebamos
bebéis	bebáis
beben	beban

Imperfect indicative	*Imperfect subjunctive*
bebía	bebiera
bebías	bebieras
bebía	bebiera
bebíamos	bebiéramos
bebíais	bebierais
bebían	bebieran

Preterite	*Future*
bebí	beberé
bebiste	beberás
bebió	beberá
bebimos	beberemos
bebisteis	beberéis
bebieron	beberán

Perfect indicative	*Conditional*
he bebido	bebería
has bebido	beberías
ha bebido	bebería
hemos bebido	beberíamos
habéis bebido	beberíais
han bebido	beberían

Pluperfect indicative	*Imperative*
había bebido	–
habías bebido	bebe
había bebido	beba
habíamos bebido	bebamos
habíais bebido	bebed
habían bebido	beban

buscar *to look for*

Gerund buscando *Past participle* buscado

Present indicative	*Present subjunctive*
busco	busque
buscas	busques
busca	busque
buscamos	busquemos
buscáis	busquéis
buscan	busquen

Imperfect indicative	*Imperfect subjunctive*
buscaba	buscara
buscabas	buscaras
buscaba	buscara
buscábamos	buscáramos
buscabais	buscarais
buscaban	buscaran

Preterite	*Future*
busqué	buscaré
buscaste	buscarás
buscó	buscará
buscamos	buscaremos
buscasteis	buscaréis
buscaron	buscarán

Perfect indicative	*Conditional*
he buscado	buscaría
has buscado	buscarías
ha buscado	buscaría
hemos buscado	buscaríamos
habéis buscado	buscaríais
han buscado	buscarían

Pluperfect indicative	*Imperative*
había buscado	–
habías buscado	busca
había buscado	busque
habíamos buscado	busquemos
habíais buscado	buscad
habían buscado	busquen

caber *to fit*

Gerund cabiendo *Past participle* cabido

Present indicative	*Present subjunctive*
quepo	quepa
cabes	quepas
cabe	quepa
cabemos	quepamos
cabéis	quepáis
caben	quepan

Imperfect indicative	*Imperfect subjunctive*
cabía	cupiera
cabías	cupieras
cabía	cupiera
cabíamos	cupiéramos
cabíais	cupierais
cabían	cupieran

Preterite	*Future*
cupe	cabré
cupiste	cabrás
cupo	cabrá
cupimos	cabremos
cupisteis	cabréis
cupieron	cabrán

Perfect indicative	*Conditional*
he cabido	cabría
has cabido	cabrías
ha cabido	cabría
hemos cabido	cabríamos
habéis cabido	cabríais
han cabido	cabrían

Pluperfect indicative	*Imperative*
había cabido	–
habías cabido	cabe
había cabido	quepa
habíamos cabido	quepamos
habíais cabido	cabed
habían cabido	quepan

caer *to fall*
Gerund cayendo *Past participle* caído

Present indicative	*Present subjunctive*
caigo	caiga
caes	caigas
cae	caiga
caemos	caigamos
caéis	caigáis
caen	caigan

Imperfect indicative	*Imperfect subjunctive*
caía	cayera
caías	cayeras
caía	cayera
caíamos	cayéramos
caíais	cayerais
caían	cayeran

Preterite	*Future*
caí	caeré
caíste	caerás
cayó	caerá
caímos	caeremos
caísteis	caeréis
cayeron	caerán

Perfect indicative	*Conditional*
he caído	caería
has caído	caerías
ha caído	caería
hemos caído	caeríamos
habéis caído	caeríais
han caído	caerían

Pluperfect indicative	*Imperative*
había caído	–
habías caído	cae
había caído	caiga
habíamos caído	caigamos
habíais caído	caed
habían caído	caigan

cambiar *to change*

Gerund cambiando *Past participle* cambiado

Present indicative	*Present subjunctive*
cambio	cambie
cambias	cambies
cambia	cambie
cambiamos	cambiemos
cambiáis	cambiéis
cambian	cambien

Imperfect indicative	*Imperfect subjunctive*
cambiaba	cambiara
cambiabas	cambiaras
cambiaba	cambiara
cambiábamos	cambiáramos
cambiabais	cambiarais
cambiaban	cambiaran

Preterite	*Future*
cambié	cambiaré
cambiaste	cambiarás
cambió	cambiará
cambiamos	cambiaremos
cambiasteis	cambiaréis
cambiaron	cambiarán

Perfect indicative	*Conditional*
he cambiado	cambiaría
has cambiado	cambiarías
ha cambiado	cambiaría
hemos cambiado	cambiaríamos
habéis cambiado	cambiaríais
han cambiado	cambiarían

Pluperfect indicative	*Imperative*
había cambiado	–
habías cambiado	cambia
había cambiado	cambie
habíamos cambiado	cambiemos
habíais cambiado	cambiad
habían cambiado	cambien

cantar *to sing*
Gerund cantando *Past participle* cantado

Present indicative	*Present subjunctive*
canto	cante
cantas	cantes
canta	cante
cantamos	cantemos
cantáis	cantéis
cantan	canten

Imperfect indicative	*Imperfect subjunctive*
cantaba	cantara
cantabas	cantaras
cantaba	cantara
cantábamos	cantáramos
cantabais	cantarais
cantaban	cantaran

Preterite	*Future*
canté	cantaré
cantaste	cantarás
cantó	cantará
cantamos	cantaremos
cantasteis	cantaréis
cantaron	cantarán

Perfect indicative	*Conditional*
he cantado	cantaría
has cantado	cantarías
ha cantado	cantaría
hemos cantado	cantaríamos
habéis cantado	cantaríais
han cantado	cantarían

Pluperfect indicative	*Imperative*
había cantado	–
habías cantado	canta
había cantado	cante
habíamos cantado	cantemos
habíais cantado	cantad
habían cantado	canten

cargar *to load*

Gerund cargando *Past participle* cargado

Present indicative	*Present subjunctive*
cargo	cargue
cargas	cargues
carga	cargue
cargamos	carguemos
cargáis	carguéis
cargan	carguen

Imperfect indicative	*Imperfect subjunctive*
cargaba	cargara
cargabas	cargaras
cargaba	cargara
cargábamos	cargáramos
cargabais	cargarais
cargaban	cargaran

Preterite	*Future*
cargué	cargaré
cargaste	cargarás
cargó	cargará
cargamos	cargaremos
cargasteis	cargaréis
cargaron	cargarán

Perfect indicative	*Conditional*
he cargado	cargaría
has cargado	cargarías
ha cargado	cargaría
hemos cargado	cargaríamos
habéis cargado	cargaríais
han cargado	cargarían

Pluperfect indicative	*Imperative*
había cargado	–
habías cargado	carga
había cargado	cargue
habíamos cargado	carguemos
habíais cargado	cargad
habían cargado	carguen

casarse *to get married*

Gerund casándose *Past participle* casado

Present indicative	*Present subjunctive*
me caso	me case
te casas	te cases
se casa	se case
nos casamos	nos casemos
os casáis	os caséis
se casan	se casen
Imperfect indicative	*Imperfect subjunctive*
me casaba	me casara
te casabas	te casaras
se casaba	se casara
nos casábamos	nos casáramos
os casabais	os casarais
se casaban	se casaran
Preterite	*Future*
me casé	me casaré
te casaste	te casarás
se casó	se casará
nos casamos	nos casaremos
os casasteis	os casaréis
se casaron	se casarán
Perfect indicative	*Conditional*
me he casado	me casaría
te has casado	te casarías
se ha casado	se casaría
nos hemos casado	nos casaríamos
os habéis casado	os casaríais
se han casado	se casarían
Pluperfect indicative	*Imperative*
me había casado	–
te habías casado	cásate
se había casado	cásese
nos habíamos casado	casémonos
os habíais casado	casaos
se habían casado	cásense

cenar *to have supper*

Gerund cenando *Past participle* cenado

Present indicative	*Present subjunctive*
ceno	cene
cenas	cenes
cena	cene
cenamos	cenemos
cenáis	cenéis
cenan	cenen

Imperfect indicative	*Imperfect subjunctive*
cenaba	cenara
cenabas	cenaras
cenaba	cenara
cenábamos	cenáramos
cenabais	cenarais
cenaban	cenaran

Preterite	*Future*
cené	cenaré
cenaste	cenarás
cenó	cenará
cenamos	cenaremos
cenasteis	cenaréis
cenaron	cenarán

Perfect indicative	*Conditional*
he cenado	cenaría
has cenado	cenarías
ha cenado	cenaría
hemos cenado	cenaríamos
habéis cenado	cenaríais
han cenado	cenarían

Pluperfect indicative	*Imperative*
había cenado	–
habías cenado	cena
había cenado	cene
habíamos cenado	cenemos
habíais cenado	cenad
habían cenado	cenen

cerrar *to close*

Gerund cerrando *Past participle* cerrado

Present indicative	*Present subjunctive*
cierro	cierre
cierras	cierres
cierra	cierre
cerramos	cerremos
cerráis	cerréis
cierran	cierren

Imperfect indicative	*Imperfect subjunctive*
cerraba	cerrara
cerrabas	cerraras
cerraba	cerrara
cerrábamos	cerráramos
cerrabais	cerrarais
cerraban	cerraran

Preterite	*Future*
cerré	cerraré
cerraste	cerrarás
cerró	cerrará
cerramos	cerraremos
cerrasteis	cerraréis
cerraron	cerrarán

Perfect indicative	*Conditional*
he cerrado	cerraría
has cerrado	cerrarías
ha cerrado	cerraría
hemos cerrado	cerraríamos
habéis cerrado	cerraríais
han cerrado	cerrarían

Pluperfect indicative	*Imperative*
había cerrado	–
habías cerrado	cierra
había cerrado	cierre
habíamos cerrado	cerremos
habíais cerrado	cerrad
habían cerrado	cierren

cocer *to boil*

Gerund cociendo *Past participle* cocido

Present indicative	*Present subjunctive*
cuezo	cueza
cueces	cuezas
cuece	cueza
cocemos	cozamos
cocéis	cozáis
cuecen	cuezan

Imperfect indicative	*Imperfect subjunctive*
cocía	cociera
cocías	cocieras
cocía	cociera
cocíamos	cociéramos
cocíais	cocierais
cocían	cocieran

Preterite	*Future*
cocí	coceré
cociste	cocerás
coció	cocerá
cocimos	coceremos
cocisteis	coceréis
cocieron	cocerán

Perfect indicative	*Conditional*
he cocido	cocería
has cocido	cocerías
ha cocido	cocería
hemos cocido	coceríamos
habéis cocido	coceríais
han cocido	cocerían

Pluperfect indicative	*Imperative*
había cocido	–
habías cocido	cuece
había cocido	cueza
habíamos cocido	cozamos
habíais cocido	coced
habían cocido	cuezan

coger *to catch*

Gerund cogiendo *Past participle* cogido

Present indicative	*Present subjunctive*
cojo	coja
coges	cojas
coge	coja
cogemos	cojamos
cogéis	cojáis
cogen	cojan

Imperfect indicative	*Imperfect subjunctive*
cogía	cogiera
cogías	cogieras
cogía	cogiera
cogíamos	cogiéramos
cogíais	cogierais
cogían	cogieran

Preterite	*Future*
cogí	cogeré
cogiste	cogerás
cogió	cogerá
cogimos	cogeremos
cogisteis	cogeréis
cogieron	cogerán

Perfect indicative	*Conditional*
he cogido	cogería
has cogido	cogerías
ha cogido	cogería
hemos cogido	cogeríamos
habéis cogido	cogeríais
han cogido	cogerían

Pluperfect indicative	*Imperative*
había cogido	–
habías cogido	coge
había cogido	coja
habíamos cogido	cojamos
habíais cogido	coged
habían cogido	cojan

colgar *to hang*
Gerund colgando *Past participle* colgado

Present indicative	*Present subjunctive*
cuelgo	cuelgue
cuelgas	cuelgues
cuelga	cuelgue
colgamos	colguemos
colgáis	colguéis
cuelgan	cuelguen

Imperfect indicative	*Imperfect subjunctive*
colgaba	colgara
colgabas	colgaras
colgaba	colgara
colgábamos	colgáramos
colgabais	colgarais
colgaban	colgaran

Preterite	*Future*
colgué	colgaré
colgaste	colgarás
colgó	colgará
colgamos	colgaremos
colgasteis	colgaréis
colgaron	colgarán

Perfect indicative	*Conditional*
he colgado	colgaría
has colgado	colgarías
ha colgado	colgaría
hemos colgado	colgaríamos
habéis colgado	colgaríais
han colgado	colgarían

Pluperfect indicative	*Imperative*
había colgado	–
habías colgado	cuelga
había colgado	cuelgue
habíamos colgado	colguemos
habíais colgado	colgad
habían colgado	cuelguen

comenzar *to start*

Gerund comenzando *Past participle* comenzado

Present indicative	*Present subjunctive*
comienzo	comience
comienzas	comiences
comienza	comience
comenzamos	comencemos
comenzáis	comencéis
comienzan	comiencen

Imperfect indicative	*Imperfect subjunctive*
comenzaba	comenzara
comenzabas	comenzaras
comenzaba	comenzara
comenzábamos	comenzáramos
comenzabais	comenzarais
comenzaban	comenzaran

Preterite	*Future*
comencé	comenzaré
comenzaste	comenzarás
comenzó	comenzará
comenzamos	comenzaremos
comenzasteis	comenzaréis
comenzaron	comenzarán

Perfect indicative	*Conditional*
he comenzado	comenzaría
has comenzado	comenzarías
ha comenzado	comenzaría
hemos comenzado	comenzaríamos
habéis comenzado	comenzaríais
han comenzado	comenzarían

Pluperfect indicative	*Imperative*
había comenzado	–
habías comenzado	comienza
había comenzado	comience
habíamos comenzado	comencemos
habíais comenzado	comenzad
habían comenzado	comiencen

comer *to eat*

Gerund comiendo *Past participle* comido

Present indicative	*Present subjunctive*
como	coma
comes	comas
come	coma
comemos	comamos
coméis	comáis
comen	coman

Imperfect indicative	*Imperfect subjunctive*
comía	comiera
comías	comieras
comía	comiera
comíamos	comiéramos
comíais	comierais
comían	comieran

Preterite	*Future*
comí	comeré
comiste	comerás
comió	comerá
comimos	comeremos
comisteis	comeréis
comieron	comerán

Perfect indicative	*Conditional*
he comido	comería
has comido	comerías
ha comido	comería
hemos comido	comeríamos
habéis comido	comeríais
han comido	comerían

Pluperfect indicative	*Imperative*
había comido	–
habías comido	come
había comido	coma
habíamos comido	comamos
habíais comido	comed
habían comido	coman

comprar *to buy*

Gerund comprando *Past participle* comprado

Present indicative	*Present subjunctive*
compro	compre
compras	compres
compra	compre
compramos	compremos
compráis	compréis
compran	compren

Imperfect indicative	*Imperfect subjunctive*
compraba	comprara
comprabas	compraras
compraba	comprara
comprábamos	compráramos
comprabais	comprarais
compraban	compraran

Preterite	*Future*
compré	compraré
compraste	comprarás
compró	comprará
compramos	compraremos
comprasteis	compraréis
compraron	comprarán

Perfect indicative	*Conditional*
he comprado	compraría
has comprado	comprarías
ha comprado	compraría
hemos comprado	compraríamos
habéis comprado	compraríais
han comprado	comprarían

Pluperfect indicative	*Imperative*
había comprado	–
habías comprado	compra
había comprado	compre
habíamos comprado	compremos
habíais comprado	comprad
habían comprado	compren

conducir *to drive, to lead*

Gerund conduciendo *Past participle* conducido

Present indicative	*Present subjunctive*
conduzco	conduzca
conduces	conduzcas
conduce	conduzca
conducimos	conduzcamos
conducís	conduzcáis
conducen	conduzcan

Imperfect indicative	*Imperfect subjunctive*
conducía	condujera
conducías	condujeras
conducía	condujera
conducíamos	condujéramos
conducíais	condujerais
conducían	condujeran

Preterite	*Future*
conduje	conduciré
condujiste	conducirás
condujo	conducirá
condujimos	conduciremos
condujisteis	conduciréis
condujeron	conducirán

Perfect indicative	*Conditional*
he conducido	conduciría
has conducido	conducirías
ha conducido	conduciría
hemos conducido	conduciríamos
habéis conducido	conduciríais
han conducido	conducirían

Pluperfect indicative	*Imperative*
había conducido	–
habías conducido	conduce
había conducido	conduzca
habíamos conducido	conduzcamos
habíais conducido	conducid
habían conducido	conduzcan

45

conocer *to know, be acquainted with*

Gerund conociendo *Past participle* conocido

Present indicative	*Present subjunctive*
conozco	conozca
conoces	conozcas
conoce	conozca
conocemos	conozcamos
conocéis	conozcáis
conocen	conozcan

Imperfect indicative	*Imperfect subjunctive*
conocía	conociera
conocías	conocieras
conocía	conociera
conocíamos	conociéramos
conocíais	conocierais
conocían	conocieran

Preterite	*Future*
conocí	conoceré
conociste	conocerás
conoció	conocerá
conocimos	conoceremos
conocisteis	conoceréis
conocieron	conocerán

Perfect indicative	*Conditional*
he conocido	conocería
has conocido	conocerías
ha conocido	conocería
hemos conocido	conoceríamos
habéis conocido	conoceríais
han conocido	conocerían

Pluperfect indicative	*Imperative*
había conocido	–
habías conocido	conoce
había conocido	conozca
habíamos conocido	conozcamos
habíais conocido	conoced
habían conocido	conozcan

conseguir *to succeed, to manage*

Gerund consiguiendo *Past participle* conseguido

Present indicative	*Present subjunctive*
consigo	consiga
consigues	consigas
consigue	consiga
conseguimos	consigamos
conseguís	consigáis
consiguen	consigan

Imperfect indicative	*Imperfect subjunctive*
conseguía	consiguiera
conseguías	consiguieras
conseguía	consiguiera
conseguíamos	consiguiéramos
conseguíais	consiguierais
conseguían	consiguieran

Preterite	*Future*
conseguí	conseguiré
conseguiste	conseguirás
consiguió	conseguirá
conseguimos	conseguiremos
conseguisteis	conseguiréis
consiguieron	conseguirán

Perfect indicative	*Conditional*
he conseguido	conseguiría
has conseguido	conseguirías
ha conseguido	conseguiría
hemos conseguido	conseguiríamos
habéis conseguido	conseguiríais
han conseguido	conseguirían

Pluperfect indicative	*Imperative*
había conseguido	–
habías conseguido	consigue
había conseguido	consiga
habíamos conseguido	consigamos
habíais conseguido	conseguid
habían conseguido	consigan

construir *to build*

Gerund construyendo *Past participle* construido

Present indicative	*Present subjunctive*
construyo	construya
construyes	construyas
construye	construya
construimos	construyamos
construís	construyáis
construyen	construyan

Imperfect indicative	*Imperfect subjunctive*
construía	construyera
construías	construyeras
construía	construyera
construíamos	construyéramos
construíais	construyerais
construían	construyeran

Preterite	*Future*
construí	construiré
construiste	construirás
construyó	construirá
construimos	construiremos
construisteis	construiréis
construyeron	construirán

Perfect indicative	*Conditional*
he construido	construiría
has construido	construirías
ha construido	construiría
hemos construido	construiríamos
habéis construido	construiríais
han construido	construirían

Pluperfect indicative	*Imperative*
había construido	–
habías construido	construye
había construido	construya
habíamos construido	construyamos
habíais construido	construid
habían construido	construyan

contar *to tell, to count*

Gerund contando *Past participle* contado

Present indicative	*Present subjunctive*
cuento	cuente
cuentas	cuentes
cuenta	cuente
contamos	contemos
contáis	contéis
cuentan	cuenten

Imperfect indicative	*Imperfect subjunctive*
contaba	contara
contabas	contaras
contaba	contara
contábamos	contáramos
contabais	contarais
contaban	contaran

Preterite	*Future*
conté	contaré
contaste	contarás
contó	contará
contamos	contaremos
contasteis	contaréis
contaron	contarán

Perfect indicative	*Conditional*
he contado	contaría
has contado	contarías
ha contado	contaría
hemos contado	contaríamos
habéis contado	contaríais
han contado	contarían

Pluperfect indicative	*Imperative*
había contado	–
habías contado	cuenta
había contado	cuente
habíamos contado	contemos
habíais contado	contad
habían contado	cuenten

contestar *to answer*

Gerund contestando *Past participle* contestado

Present indicative	*Present subjunctive*
contesto	conteste
contestas	contestes
contesta	conteste
contestamos	contestemos
contestáis	contestéis
contestan	contesten

Imperfect indicative	*Imperfect subjunctive*
contestaba	contestara
contestabas	contestaras
contestaba	contestara
contestábamos	contestáramos
contestabais	contestarais
contestaban	contestaran

Preterite	*Future*
contesté	contestaré
contestaste	contestarás
contestó	contestará
contestamos	contestaremos
contestasteis	contestaréis
contestaron	contestarán

Perfect indicative	*Conditional*
he contestado	contestaría
has contestado	contestarías
ha contestado	contestaría
hemos contestado	contestaríamos
habéis contestado	contestaríais
han contestado	contestarían

Pluperfect indicative	*Imperative*
había contestado	–
habías contestado	contesta
había contestado	conteste
habíamos contestado	contestemos
habíais contestado	contestad
habían contestado	contesten

continuar *to continue*

Gerund continuando *Past participle* continuado

Present indicative	*Present subjunctive*
continúo	continúe
continúas	continúes
continúa	continúe
continuamos	continuemos
continuáis	continuéis
continúan	continúen

Imperfect indicative	*Imperfect subjunctive*
continuaba	continuara
continuabas	continuaras
continuaba	continuara
continuábamos	continuáramos
continuabais	continuarais
continuaban	continuaran

Preterite	*Future*
continué	continuaré
continuaste	continuarás
continuó	continuará
continuamos	continuaremos
continuasteis	continuaréis
continuaron	continuarán

Perfect indicative	*Conditional*
he continuado	continuaría
has continuado	continuarías
ha continuado	continuaría
hemos continuado	continuaríamos
habéis continuado	continuaríais
han continuado	continuarían

Pluperfect indicative	*Imperative*
había continuado	–
habías continuado	continúa
había continuado	continúe
habíamos continuado	continuemos
habíais continuado	continuad
habían continuado	continúen

correr *to run*

Gerund corriendo *Past participle* corrido

Present indicative	*Present subjunctive*
corro	corra
corres	corras
corre	corra
corremos	corramos
corréis	corráis
corren	corran

Imperfect indicative	*Imperfect subjunctive*
corría	corriera
corrías	corrieras
corría	corriera
corríamos	corriéramos
corríais	corrierais
corrían	corrieran

Preterite	*Future*
corrí	correré
corriste	correrás
corrió	correrá
corrimos	correremos
corristeis	correréis
corrieron	correrán

Perfect indicative	*Conditional*
he corrido	correría
has corrido	correrías
ha corrido	correría
hemos corrido	correríamos
habéis corrido	correríais
han corrido	correrían

Pluperfect indicative	*Imperative*
había corrido	–
habías corrido	corre
había corrido	corra
habíamos corrido	corramos
habíais corrido	corred
habían corrido	corran

cortar *to cut*

Gerund cortando *Past participle* cortado

Present indicative	*Present subjunctive*
corto	corte
cortas	cortes
corta	corte
cortamos	cortemos
cortáis	cortéis
cortan	corten

Imperfect indicative	*Imperfect subjunctive*
cortaba	cortara
cortabas	cortaras
cortaba	cortara
cortábamos	cortáramos
cortabais	cortarais
cortaban	cortaran

Preterite	*Future*
corté	cortaré
cortaste	cortarás
cortó	cortará
cortamos	cortaremos
cortasteis	cortaréis
cortaron	cortarán

Perfect indicative	*Conditional*
he cortado	cortaría
has cortado	cortarías
ha cortado	cortaría
hemos cortado	cortaríamos
habéis cortado	cortaríais
han cortado	cortarían

Pluperfect indicative	*Imperative*
había cortado	–
habías cortado	corta
había cortado	corte
habíamos cortado	cortemos
habíais cortado	cortad
habían cortado	corten

costar *to cost*

Gerund costando *Past participle* costado

Present indicative	Present subjunctive
cuesto	cueste
cuestas	cuestes
cuesta	cueste
costamos	costemos
costáis	costéis
cuestan	cuesten

Imperfect indicative	Imperfect subjunctive
costaba	costara
costabas	costaras
costaba	costara
costábamos	costáramos
costabais	costarais
costaban	costaran

Preterite	Future
costé	costaré
costaste	costarás
costó	costará
costamos	costaremos
costasteis	costaréis
costaron	costarán

Perfect indicative	Conditional
he costado	costaría
has costado	costarías
ha costado	costaría
hemos costado	costaríamos
habéis costado	costaríais
han costado	costarían

Pluperfect indicative	Imperative
había costado	–
habías costado	cuesta
había costado	cueste
habíamos costado	costemos
habíais costado	costad
habían costado	cuesten

54

crecer *to grow, increase*

Gerund creciendo *Past participle* crecido

Present indicative	*Present subjunctive*
crezco	crezca
creces	crezcas
crece	crezca
crecemos	crezcamos
crecéis	crezcáis
crecen	crezcan

Imperfect indicative	*Imperfect subjunctive*
crecía	creciera
crecías	crecieras
crecía	creciera
crecíamos	creciéramos
crecíais	crecierais
crecían	crecieran

Preterite	*Future*
crecí	creceré
creciste	crecerás
creció	crecerá
crecimos	creceremos
crecisteis	creceréis
crecieron	crecerán

Perfect indicative	*Conditional*
he crecido	crecería
has crecido	crecerías
ha crecido	crecería
hemos crecido	creceríamos
habéis crecido	creceríais
han crecido	crecerían

Pluperfect indicative	*Imperative*
había crecido	–
habías crecido	crece
había crecido	crezca
habíamos crecido	crezcamos
habíais crecido	creced
habían crecido	crezcan

creer *to believe*

Gerund creyendo *Past participle* creído

Present indicative	*Present subjunctive*
creo	crea
crees	creas
cree	crea
creemos	creamos
creéis	creáis
creen	crean

Imperfect indicative	*Imperfect subjunctive*
creía	creyera
creías	creyeras
creía	creyera
creíamos	creyéramos
creíais	creyerais
creían	creyeran

Preterite	*Future*
creí	creeré
creíste	creerás
creyó	creerá
creímos	creeremos
creísteis	creeréis
creyeron	creerán

Perfect indicative	*Conditional*
he creído	creería
has creído	creerías
ha creído	creería
hemos creído	creeríamos
habéis creído	creeríais
han creído	creerían

Pluperfect indicative	*Imperative*
había creído	–
habías creído	cree
había creído	crea
habíamos creído	creamos
habíais creído	creed
habían creído	crean

cubrir *to cover*

Gerund cubriendo *Past participle* cubierto

Present indicative	*Present subjunctive*
cubro	cubra
cubres	cubras
cubre	cubra
cubrimos	cubramos
cubrís	cubráis
cubren	cubran

Imperfect indicative	*Imperfect subjunctive*
cubría	cubriera
cubrías	cubrieras
cubría	cubriera
cubríamos	cubriéramos
cubríais	cubrierais
cubrían	cubrieran

Preterite	*Future*
cubrí	cubriré
cubriste	cubrirás
cubrió	cubrirá
cubrimos	cubriremos
cubristeis	cubriréis
cubrieron	cubrirán

Perfect indicative	*Conditional*
he cubierto	cubriría
has cubierto	cubrirías
ha cubierto	cubriría
hemos cubierto	cubriríamos
habéis cubierto	cubriríais
han cubierto	cubrirían

Pluperfect indicative	*Imperative*
había cubierto	–
habías cubierto	cubre
había cubierto	cubra
habíamos cubierto	cubramos
habíais cubierto	cubrid
habían cubierto	cubran

57

dar *to give*

Gerund dando *Past participle* dado

Present indicative	*Present subjunctive*
doy	dé
das	des
da	dé
damos	demos
dais	deis
dan	den

Imperfect indicative	*Imperfect subjunctive*
daba	diera
dabas	dieras
daba	diera
dábamos	diéramos
dabais	dierais
daban	dieran

Preterite	*Future*
di	daré
diste	darás
dio	dará
dimos	daremos
disteis	daréis
dieron	darán

Perfect indicative	*Conditional*
he dado	daría
has dado	darías
ha dado	daría
hemos dado	daríamos
habéis dado	daríais
han dado	darían

Pluperfect indicative	*Imperative*
había dado	–
habías dado	da
había dado	dé
habíamos dado	demos
habíais dado	dad
habían dado	den

deber *to have to, owe*

Gerund debiendo *Past participle* debido

Present indicative	*Present subjunctive*
debo	deba
debes	debas
debe	deba
debemos	debamos
debéis	debáis
deben	deban

Imperfect indicative	*Imperfect subjunctive*
debía	debiera
debías	debieras
debía	debiera
debíamos	debiéramos
debíais	debierais
debían	debieran

Preterite	*Future*
debí	deberé
debiste	deberás
debió	deberá
debimos	deberemos
debisteis	deberéis
debieron	deberán

Perfect indicative	*Conditional*
he debido	debería
has debido	deberías
ha debido	debería
hemos debido	deberíamos
habéis debido	deberíais
han debido	deberían

Pluperfect indicative	*Imperative*
había debido	–
habías debido	debe
había debido	deba
habíamos debido	debamos
habíais debido	debed
habían debido	deban

decidir *to decide*

Gerund decidiendo *Past participle* decidido

Present indicative	*Present subjunctive*
decido	decida
decides	decidas
decide	decida
decidimos	decidamos
decidís	decidáis
deciden	decidan

Imperfect indicative	*Imperfect subjunctive*
decidía	decidiera
decidías	decidieras
decidía	decidiera
decidíamos	decidiéramos
decidíais	decidierais
decidían	decidieran

Preterite	*Future*
decidí	decidiré
decidiste	decidirás
decidió	decidirá
decidimos	decidiremos
decidisteis	decidiréis
decidieron	decidirán

Perfect indicative	*Conditional*
he decidido	decidiría
has decidido	decidirías
ha decidido	decidiría
hemos decidido	decidiríamos
habéis decidido	decidiríais
han decidido	decidirían

Pluperfect indicative	*Imperative*
había decidido	–
habías decidido	decide
había decidido	decida
habíamos decidido	decidamos
habíais decidido	decidid
habían decidido	decidan

decir *to say*

Gerund diciendo *Past participle* dicho

Present indicative	Present subjunctive
digo	diga
dices	digas
dice	diga
decimos	digamos
decís	digáis
dicen	digan

Imperfect indicative	Imperfect subjunctive
decía	dijera
decías	dijeras
decía	dijera
decíamos	dijéramos
decíais	dijerais
decían	dijeran

Preterite	Future
dije	diré
dijiste	dirás
dijo	dirá
dijimos	diremos
dijisteis	diréis
dijeron	dirán

Perfect indicative	Conditional
he dicho	diría
has dicho	dirías
ha dicho	diría
hemos dicho	diríamos
habéis dicho	diríais
han dicho	dirían

Pluperfect indicative	Imperative
había dicho	–
habías dicho	di
había dicho	diga
habíamos dicho	digamos
habíais dicho	decid
habían dicho	digan

dejar *to leave, let*

Gerund dejando *Past participle* dejado

Present indicative	*Present subjunctive*
dejo	deje
dejas	dejes
deja	deje
dejamos	dejemos
dejáis	dejéis
dejan	dejen

Imperfect indicative	*Imperfect subjunctive*
dejaba	dejara
dejabas	dejaras
dejaba	dejara
dejábamos	dejáramos
dejabais	dejarais
dejaban	dejaran

Preterite	*Future*
dejé	dejaré
dejaste	dejarás
dejó	dejará
dejamos	dejaremos
dejasteis	dejaréis
dejaron	dejarán

Perfect indicative	*Conditional*
he dejado	dejaría
has dejado	dejarías
ha dejado	dejaría
hemos dejado	dejaríamos
habéis dejado	dejaríais
han dejado	dejarían

Pluperfect indicative	*Imperative*
había dejado	–
habías dejado	deja
había dejado	deje
habíamos dejado	dejemos
habíais dejado	dejad
habían dejado	dejen

descender *to go down*

Gerund descendiendo *Past participle* descendido

Present indicative	*Present subjunctive*
desciendo	descienda
desciendes	desciendas
desciende	descienda
descendemos	descendamos
descendéis	descendáis
descienden	desciendan

Imperfect indicative	*Imperfect subjunctive*
descendía	descendiera
descendías	descendieras
descendía	descendiera
descendíamos	descendiéramos
descendíais	descendierais
descendían	descendieran

Preterite	*Future*
descendí	descenderé
descendiste	descenderás
descendió	descenderá
descendimos	descenderemos
descendisteis	descenderéis
descendieron	descenderán

Perfect indicative	*Conditional*
he descendido	descendería
has descendido	descenderías
ha descendido	descendería
hemos descendido	descenderíamos
habéis descendido	descenderíais
han descendido	descenderían

Pluperfect indicative	*Imperative*
había descendido	–
habías descendido	desciende
había descendido	descienda
habíamos descendido	descendamos
habíais descendido	descended
habían descendido	desciendan

describir *to describe*

Gerund describiendo *Past participle* descrito

Present indicative	*Present subjunctive*
describo	describa
describes	describas
describe	describa
describimos	describamos
describís	describáis
describen	describan

Imperfect indicative	*Imperfect subjunctive*
describía	describiera
describías	describieras
describía	describiera
describíamos	describiéramos
describíais	describierais
describían	describieran

Preterite	*Future*
describí	describiré
describiste	describirás
describió	describirá
describimos	describiremos
describisteis	describiréis
describieron	describirán

Perfect indicative	*Conditional*
he descrito	describiría
has descrito	describirías
ha descrito	describiría
hemos descrito	describiríamos
habéis descrito	describiríais
han descrito	describirían

Pluperfect indicative	*Imperative*
había descrito	–
habías descrito	describe
había descrito	describa
habíamos descrito	describamos
habíais descrito	describid
habían descrito	describan

descubrir *to discover*

Gerund descubriendo *Past participle* descubierto

Present indicative	*Present subjunctive*
descubro	descubra
descubres	descubras
descubre	descubra
descubrimos	descubramos
descubrís	descubráis
descubren	descubran

Imperfect indicative	*Imperfect subjunctive*
descubría	descubriera
descubrías	descubrieras
descubría	descubriera
descubríamos	descubriéramos
descubríais	descubrierais
descubrían	descubrieran

Preterite	*Future*
descubrí	descubriré
descubriste	descubrirás
descubrió	descubrirá
descubrimos	descubriremos
descubristeis	descubriréis
descubrieron	descubrirán

Perfect indicative	*Conditional*
he descubierto	descubriría
has descubierto	descubrirías
ha descubierto	descubriría
hemos descubierto	descubriríamos
habéis descubierto	descubriríais
han descubierto	descubrirían

Pluperfect indicative	*Imperative*
había descubierto	–
habías descubierto	descubre
había descubierto	descubra
habíamos descubierto	descubramos
habíais descubierto	descubrid
habían descubierto	descubran

despertarse *to wake up*
Gerund despertándose *Past participle* despertado

Present indicative
me despierto
te despiertas
se despierta
nos despertamos
os despertáis
se despiertan

Imperfect indicative
me despertaba
te despertabas
se despertaba
nos despertábamos
os despertabais
se despertaban

Preterite
me desperté
te despertaste
se despertó
nos despertamos
os despertasteis
se despertaron

Perfect indicative
me he despertado
te has despertado
se ha despertado
nos hemos despertado
os habéis despertado
se han despertado

Pluperfect indicative
me había despertado
te habías despertado
se había despertado
nos habíamos despertado
os habíais despertado
se habían despertado

Present subjunctive
me despierte
te despiertes
se despierte
nos despertemos
os despertéis
se despierten

Imperfect subjunctive
me despertara
te despertaras
se despertara
nos despertáramos
os despertarais
se despertaran

Future
me despertaré
te despertarás
se despertará
nos despertaremos
os despertaréis
se despertarán

Conditional
me despertaría
te despertarías
se despertaría
nos despertaríamos
os despertaríais
se despertarían

Imperative
–
despiértate
despiértese
despertémonos
despertaos
despiértense

destruir *to destroy*
Gerund destruyendo *Past participle* destruido

Present indicative
destruyo
destruyes
destruye
destruimos
destruís
destruyen

Present subjunctive
destruya
destruyas
destruya
destruyamos
destruyáis
destruyan

Imperfect indicative
destruía
destruías
destruía
destruíamos
destruíais
destruían

Imperfect subjunctive
destruyera
destruyeras
destruyera
destruyéramos
destruyerais
destruyeran

Preterite
destruí
destruiste
destruyó
destruimos
destruisteis
destruyeron

Future
destruiré
destruirás
destruirá
destruiremos
destruiréis
destruirán

Perfect indicative
he destruido
has destruido
ha destruido
hemos destruido
habéis destruido
han destruido

Conditional
destruiría
destruirías
destruiría
destruiríamos
destruiríais
destruirían

Pluperfect indicative
había destruido
habías destruido
había destruido
habíamos destruido
habíais destruido
habían destruido

Imperative
–
destruye
destruya
destruyamos
destruid
destruyan

dirigir *to direct*

Gerund dirigiendo *Past participle* dirigido

Present indicative	*Present subjunctive*
dirijo	dirija
diriges	dirijas
dirige	dirija
dirigimos	dirijamos
dirigís	dirijáis
dirigen	dirijan

Imperfect indicative	*Imperfect subjunctive*
dirigía	dirigiera
dirigías	dirigieras
dirigía	dirigiera
dirigíamos	dirigiéramos
dirigíais	dirigierais
dirigían	dirigieran

Preterite	*Future*
dirigí	dirigiré
dirigiste	dirigirás
dirigió	dirigirá
dirigimos	dirigiremos
dirigisteis	dirigiréis
dirigieron	dirigirán

Perfect indicative	*Conditional*
he dirigido	dirigiría
has dirigido	dirigirías
ha dirigido	dirigiría
hemos dirigido	dirigiríamos
habéis dirigido	dirigiríais
han dirigido	dirigirían

Pluperfect indicative	*Imperative*
había dirigido	–
habías dirigido	dirige
había dirigido	dirija
habíamos dirigido	dirijamos
habíais dirigido	dirigid
habían dirigido	dirijan

distinguir *to distinguish*

Gerund distinguiendo *Past participle* distinguido

Present indicative	*Present subjunctive*
distingo	distinga
distingues	distingas
distingue	distinga
distinguimos	distingamos
distinguís	distingáis
distinguen	distingan

Imperfect indicative	*Imperfect subjunctive*
distinguía	distinguiera
distinguías	distinguieras
distinguía	distinguiera
distinguíamos	distinguiéramos
distinguíais	distinguierais
distinguían	distinguieran

Preterite	*Future*
distinguí	distinguiré
distinguiste	distinguirás
distinguió	distinguirá
distinguimos	distinguiremos
distinguisteis	distinguiréis
distinguieron	distinguirán

Perfect indicative	*Conditional*
he distinguido	distinguiría
has distinguido	distinguirías
ha distinguido	distinguiría
hemos distinguido	distinguiríamos
habéis distinguido	distinguiríais
han distinguido	distinguirían

Pluperfect indicative	*Imperative*
había distinguido	–
habías distinguido	distingue
había distinguido	distinga
habíamos distinguido	distingamos
habíais distinguido	distinguid
habían distinguido	distingan

divertirse *to enjoy oneself*

Gerund divertiéndose *Past participle* divertido

Present indicative	*Present subjunctive*
me divierto	me divierta
te diviertes	te diviertas
se divierte	se divierta
nos divertimos	nos divirtamos·
os divertís	os divirtáis
se divierten	se diviertan

Imperfect indicative	*Imperfect subjunctive*
me divertía	me divirtiera
te divertías	te divirtieras
se divertía	se divirtiera
nos divertíamos	nos divirtiéramos
os divertíais	os divirtierais
se divertían	se divirtieran

Preterite	*Future*
me divertí	me divertiré
te divertiste	te divertirás
se divirtió	se divertirá
nos divertimos	nos divertiremos
os divertisteis	os divertiréis
se divirtieron	se divertirán

Perfect indicative	*Conditional*
me he divertido	me divertiría
te has divertido	te divertirías
se ha divertido	se divertiría
nos hemos divertido	nos divertiríamos
os habéis divertido	os divertiríais
se han divertido	se divertirían

Pluperfect indicative	*Imperative*
me había divertido	–
te habías divertido	diviértete
se había divertido	diviértase
nos habíamos divertido	divirtámonos
os habíais divertido	divertíos
se habían divertido	diviértanse

dormir *to sleep*

Gerund durmiendo *Past participle* dormido

Present indicative	*Present subjunctive*
duermo	duerma
duermes	duermas
duerme	duerma
dormimos	durmamos
dormís	durmáis
duermen	duerman

Imperfect indicative	*Imperfect subjunctive*
dormía	durmiera
dormías	durmieras
dormía	durmiera
dormíamos	durmiéramos
dormíais	durmierais
dormían	durmieran

Preterite	*Future*
dormí	dormiré
dormiste	dormirás
durmió	dormirá
dormimos	dormiremos
dormisteis	dormiréis
durmieron	dormirán

Perfect indicative	*Conditional*
he dormido	dormiría
has dormido	dormirías
ha dormido	dormiría
hemos dormido	dormiríamos
habéis dormido	dormiríais
han dormido	dormirían

Pluperfect indicative	*Imperative*
había dormido	–
habías dormido	duerme
había dormido	duerma
habíamos dormido	durmamos
habíais dormido	dormid
habían dormido	duerman

embarcar *to embark*

Gerund embarcando *Past participle* embarcado

Present indicative	*Present subjunctive*
embarco	embarque
embarcas	embarques
embarca	embarque
embarcamos	embarquemos
embarcáis	embarquéis
embarcan	embarquen

Imperfect indicative	*Imperfect subjunctive*
embarcaba	embarcara
embarcabas	embarcaras
embarcaba	embarcara
embarcábamos	embarcáramos
embarcabais	embarcarais
embarcaban	embarcaran

Preterite	*Future*
embarqué	embarcaré
embarcaste	embarcarás
embarcó	embarcará
embarcamos	embarcaremos
embarcasteis	embarcaréis
embarcaron	embarcarán

Perfect indicative	*Conditional*
he embarcado	embarcaría
has embarcado	embarcarías
ha embarcado	embarcaría
hemos embarcado	embarcaríamos
habéis embarcado	embarcaríais
han embarcado	embarcarían

Pluperfect indicative	*Imperative*
había embarcado	–
habías embarcado	embarca
había embarcado	embarque
habíamos embarcado	embarquemos
habíais embarcado	embarcad
habían embarcado	embarquen

empezar *to begin*

Gerund empezando *Past participle* empezado

Present indicative	*Present subjunctive*
empiezo	empiece
empiezas	empieces
empieza	empiece
empezamos	empecemos
empezáis	empecéis
empiezan	empiecen

Imperfect indicative	*Imperfect subjunctive*
empezaba	empezara
empezabas	empezaras
empezaba	empezara
empezábamos	empezáramos
empezabais	empezarais
empezaban	empezaran

Preterite	*Future*
empecé	empezaré
empezaste	empezarás
empezó	empezará
empezamos	empezaremos
empezasteis	empezaréis
empezaron	empezarán

Perfect indicative	*Conditional*
he empezado	empezaría
has empezado	empezarías
ha empezado	empezaría
hemos empezado	empezaríamos
habéis empezado	empezaríais
han empezado	empezarían

Pluperfect indicative	*Imperative*
había empezado	–
habías empezado	empieza
había empezado	empiece
habíamos empezado	empecemos
habíais empezado	empezad
habían empezado	empiecen

empujar *to push*

Gerund empujando *Past participle* empujado

Present indicative	*Present subjunctive*
empujo	empuje
empujas	empujes
empuja	empuje
empujamos	empujemos
empujáis	empujéis
empujan	empujen

Imperfect indicative	*Imperfect subjunctive*
empujaba	empujara
empujabas	empujaras
empujaba	empujara
empujábamos	empujáramos
empujabais	empujarais
empujaban	empujaran

Preterite	*Future*
empujé	empujaré
empujaste	empujarás
empujó	empujará
empujamos	empujaremos
empujasteis	empujaréis
empujaron	empujarán

Perfect indicative	*Conditional*
he empujado	empujaría
has empujado	empujarías
ha empujado	empujaría
hemos empujado	empujaríamos
habéis empujado	empujaríais
han empujado	empujarían

Pluperfect indicative	*Imperative*
había empujado	–
habías empujado	empuja
había empujado	empuje
habíamos empujado	empujemos
habíais empujado	empujad
habían empujado	empujen

encender *to light, to turn on*

Gerund encendiendo *Past participle* encendido

Present indicative	*Present subjunctive*
enciendo	encienda
enciendes	enciendas
enciende	encienda
encendemos	encendamos
encendéis	encendáis
encienden	enciendan

Imperfect indicative	*Imperfect subjunctive*
encendía	encendiera
encendías	encendieras
encendía	encendiera
encendíamos	encendiéramos
encendíais	encendierais
encendían	encendieran

Preterite	*Future*
encendí	encenderé
encendiste	encenderás
encendió	encenderá
encendimos	encenderemos
encendisteis	encenderéis
encendieron	encenderán

Perfect indicative	*Conditional*
he encendido	encendería
has encendido	encenderías
ha encendido	encendería
hemos encendido	encenderíamos
habéis encendido	encenderíais
han encendido	encenderían

Pluperfect indicative	*Imperative*
había encendido	–
habías encendido	
había encendido	enciende
habíamos encendido	encienda
habíais encendido	encendamos
habían encendido	encended
	enciendan

encontrar *to find*

Gerund encontrando *Past participle* encontrado

Present indicative	*Present subjunctive*
encuentro	encuentre
encuentras	encuentres
encuentra	encuentre
encontramos	encontremos
encontráis	encontréis
encuentran	encuentren

Imperfect indicative	*Imperfect subjunctive*
encontraba	encontrara
encontrabas	encontraras
encontraba	encontrara
encontrábamos	encontráramos
encontrabais	encontrarais
encontraban	encontraran

Preterite	*Future*
encontré	encontraré
encontraste	encontrarás
encontró	encontrará
encontramos	encontraremos
encontrasteis	encontraréis
encontraron	encontrarán

Perfect indicative	*Conditional*
he encontrado	encontraría
has encontrado	encontrarías
ha encontrado	encontraría
hemos encontrado	encontraríamos
habéis encontrado	encontraríais
han encontrado	encontrarían

Pluperfect indicative	*Imperative*
había encontrado	–
habías encontrado	encuentra
había encontrado	encuentre
habíamos encontrado	encontremos
habíais encontrado	encontrad
habían encontrado	encuentren

entender *to understand*

Gerund entendiendo *Past participle* entendido

Present indicative	*Present subjunctive*
entiendo	entienda
entiendes	entiendas
entiende	entienda
entendemos	entendamos
entendéis	entendáis
entienden	entiendan

Imperfect indicative	*Imperfect subjunctive*
entendía	entendiera
entendías	entendieras
entendía	entendiera
entendíamos	entendiéramos
entendíais	entendierais
entendían	entendieran

Preterite	*Future*
entendí	entenderé
entendiste	entenderás
entendió	entenderá
entendimos	entenderemos
entendisteis	entenderéis
entendieron	entenderán

Perfect indicative	*Conditional*
he entendido	entendería
has entendido	entenderías
ha entendido	entendería
hemos entendido	entenderíamos
habéis entendido	entenderíais
han entendido	entenderían

Pluperfect indicative	*Imperative*
había entendido	–
habías entendido	entiende
había entendido	entienda
habíamos entendido	entendamos
habíais entendido	entended
habían entendido	entiendan

77

entrar *to enter, go in*
Gerund entrando *Past participle* entrado

Present indicative	*Present subjunctive*
entro	entre
entras	entres
entra	entre
entramos	entremos
entráis	entréis
entran	entren

Imperfect indicative	*Imperfect subjunctive*
entraba	entrara
entrabas	entraras
entraba	entrara
entrábamos	entráramos
entrabais	entrarais
entraban	entraran

Preterite	*Future*
entré	entraré
entraste	entrarás
entró	entrará
entramos	entraremos
entrasteis	entraréis
entraron	entrarán

Perfect indicative	*Conditional*
he entrado	entraría
has entrado	entrarías
ha entrado	entraría
hemos entrado	entraríamos
habéis entrado	entraríais
han entrado	entrarían

Pluperfect indicative	*Imperative*
había entrado	–
habías entrado	entra
había entrado	entre
habíamos entrado	entremos
habíais entrado	entrad
habían entrado	entren

enviar *to send*

Gerund enviando *Past participle* enviado

Present indicative	*Present subjunctive*
envío	envíe
envías	envíes
envía	envíe
enviamos	enviemos
enviáis	enviéis
envían	envíen

Imperfect indicative	*Imperfect subjunctive*
enviaba	enviara
enviabas	enviaras
enviaba	enviara
enviábamos	enviáramos
enviabais	enviarais
enviaban	enviaran

Preterite	*Future*
envié	enviaré
enviaste	enviarás
envió	enviará
enviamos	enviaremos
enviasteis	enviaréis
enviaron	enviarán

Perfect indicative	*Conditional*
he enviado	enviaría
has enviado	cnviarías
ha enviado	enviaría
hemos enviado	enviaríamos
habéis enviado	enviaríais
han enviado	enviarían

Pluperfect indicative	*Imperative*
había enviado	–
habías enviado	envía
había enviado	envíe
habíamos enviado	enviemos
habíais enviado	enviad
habían enviado	envíen

equivocarse *to make a mistake*

Gerund equivocándose *Past participle* equivocado

Present indicative
me equivoco
te equivocas
se equivoca
nos equivocamos
os equivocáis
se equivocan

Present subjunctive
me equivoque
te equivoques
se equivoque
nos equivoquemos
os equivoquéis
se equivoquen

Imperfect indicative
me equivocaba
te equivocabas
se equivocaba
nos equivocábamos
os equivocabais
se equivocaban

Imperfect subjunctive
me equivocara
te equivocaras
se equivocara
nos equivocáramos
os equivocarais
se equivocaran

Preterite
me equivoqué
te equivocaste
se equivocó
nos equivocamos
os equivocasteis
se equivocaron

Future
me equivocaré
te equivocarás
se equivocará
nos equivocaremos
os equivocaréis
se equivocarán

Perfect indicative
me he equivocado
te has equivocado
se ha equivocado
nos hemos equivocado
os habéis equivocado
se han equivocado

Conditional
me equivocaría
te equivocarías
se equivocaría
nos equivocaríamos
os equivocaríais
se equivocarían

Pluperfect indicative
me había equivocado
te habías equivocado
se había equivocado
nos habíamos equivocado
os habíais equivocado
se habían equivocado

Imperative
–
equivócate
equivóquese
equivocémonos
equivocaos
equivóquense

errar *to err, wander*

Gerund errando *Past participle* errado

Present indicative	*Present subjunctive*
yerro	yerre
yerras	yerres
yerra	yerre
erramos	erremos
erráis	erréis
yerran	yerren

Imperfect indicative	*Imperfect subjunctive*
erraba	errara
errabas	erraras
erraba	errara
errábamos	erráramos
errabais	errarais
erraban	erraran

Preterite	*Future*
erré	erraré
erraste	errarás
erró	errará
erramos	erraremos
errasteis	erraréis
erraron	errarán

Perfect indicative	*Conditional*
he errado	erraría
has errado	errarías
ha errado	erraría
hemos errado	erraríamos
habéis errado	erraríais
han errado	errarían

Pluperfect indicative	*Imperative*
había errado	–
habías errado	yerra
había errado	yerre
habíamos errado	erremos
habíais errado	errad
habían errado	yerren

escoger *to choose*

Gerund escogiendo *Past participle* escogido

Present indicative	*Present subjunctive*
escojo	escoja
escoges	escojas
escoge	escoja
escogemos	escojamos
escogéis	escojáis
escogen	escojan

Imperfect indicative	*Imperfect subjunctive*
escogía	escogiera
escogías	escogieras
escogía	escogiera
escogíamos	escogiéramos
escogíais	escogierais
escogían	escogieran

Preterite	*Future*
escogí	escogeré
escogiste	escogerás
escogió	escogerá
escogimos	escogeremos
escogisteis	escogeréis
escogieron	escogerán

Perfect indicative	*Conditional*
he escogido	escogería
has escogido	escogerías
ha escogido	escogería
hemos escogido	escogeríamos
habéis escogido	escogeríais
han escogido	escogerían

Pluperfect indicative	*Imperative*
había escogido	–
habías escogido	escoge
había escogido	escoja
habíamos escogido	escojamos
habíais escogido	escoged
habían escogido	escojan

escribir *to write*

Gerund escribiendo *Past participle* escrito

Present indicative	*Present subjunctive*
escribo	escriba
escribes	escribas
escribe	escriba
escribimos	escribamos
escribís	escribáis
escriben	escriban

Imperfect indicative	*Imperfect subjunctive*
escribía	escribiera
escribías	escribieras
escribía	escribiera
escribíamos	escribiéramos
escribíais	escribierais
escribían	escribieran

Preterite	*Future*
escribí	escribiré
escribiste	escribirás
escribió	escribirá
escribimos	escribiremos
escribisteis	escribiréis
escribieron	escribirán

Perfect indicative	*Conditional*
he escrito	escribiría
has escrito	escribirías
ha escrito	escribiría
hemos escrito	escribiríamos
habéis escrito	escribiríais
han escrito	escribirían

Pluperfect indicative	*Imperative*
había escrito	–
habías escrito	
había escrito	escribe
habíamos escrito	escriba
habíais escrito	escribamos
habían escrito	escribid
	escriban

escuchar *to listen*

Gerund escuchando *Past participle* escuchado

Present indicative	*Present subjunctive*
escucho	escuche
escuchas	escuches
escucha	escuche
escuchamos	escuchemos
escucháis	escuchéis
escuchan	escuchen

Imperfect indicative	*Imperfect subjunctive*
escuchaba	escuchara
escuchabas	escucharas
escuchaba	escuchara
escuchábamos	escucháramos
escuchabais	escucharais
escuchaban	escucharan

Preterite	*Future*
escuché	escucharé
escuchaste	escucharás
escuchó	escuchará
escuchamos	escucharemos
escuchasteis	escucharéis
escucharon	escucharán

Perfect indicative	*Conditional*
he escuchado	escucharía
has escuchado	escucharías
ha escuchado	escucharía
hemos escuchado	escucharíamos
habéis escuchado	escucharíais
han escuchado	escucharían

Pluperfect indicative	*Imperative*
había escuchado	–
habías escuchado	escucha
había escuchado	escuche
habíamos escuchado	escuchemos
habíais escuchado	escuchad
habían escuchado	escuchen

esforzarse *to make an effort*

Gerund esforzándose *Past participle* esforzado

Present indicative
me esfuerzo
te esfuerzas
se esfuerza
nos esforzamos
os esforzáis
se esfuerzan

Imperfect indicative
me esforzaba
te esforzabas
se esforzaba
nos esforzábamos
os esforzabais
se esforzaban

Preterite
me esforcé
te esforzaste
se esforzó
nos esforzamos
os esforzasteis
se esforzaron

Perfect indicative
me he esforzado
te has esforzado
se ha esforzado
nos hemos esforzado
os habéis esforzado
se han esforzado

Pluperfect indicative
me había esforzado
te habías esforzado
se había esforzado
nos habíamos esforzado
os habíais esforzado
se habían esforzado

Present subjunctive
me esfuerce
te esfuerces
se esfuerce
nos esforcemos
os esforcéis
se esfuercen

Imperfect subjunctive
me esforzara
te esforzaras
se esforzara
nos esforzáramos
os esforzarais
se esforzaran

Future
me esforzaré
te esforzarás
se esforzará
nos esforzaremos
os esforzaréis
se esforzarán

Conditional
me esforzaría
te esforzarías
se esforzaría
nos esforzaríamos
os esforzaríais
se esforzarían

Imperative
–
esfuérzate
esfuércese
esforcémonos
esforzaos
esfuércense

esperar *to hope; to wait*

Gerund esperando *Past participle* esperado

Present indicative	Present subjunctive
espero	espere
esperas	esperes
espera	espere
esperamos	esperemos
esperáis	esperéis
esperan	esperen

Imperfect indicative	Imperfect subjunctive
esperaba	esperara
esperabas	esperaras
esperaba	esperara
esperábamos	esperáramos
esperabais	esperarais
esperaban	esperaran

Preterite	Future
esperé	esperaré
esperaste	esperarás
esperó	esperará
esperamos	esperaremos
esperasteis	esperaréis
esperaron	esperarán

Perfect indicative	Conditional
he esperado	esperaría
has esperado	esperarías
ha esperado	esperaría
hemos esperado	esperaríamos
habéis esperado	esperaríais
han esperado	esperarían

Pluperfect indicative	Imperative
había esperado	–
habías esperado	espera
había esperado	espere
habíamos esperado	esperemos
habíais esperado	esperad
habían esperado	esperen

estar *to be*

Gerund estando *Past participle* estado

Present indicative	Present subjunctive
estoy	esté
estás	estés
está	esté
estamos	estemos
estáis	estéis
están	estén

Imperfect indicative	Imperfect subjunctive
estaba	estuviera
estabas	estuvieras
estaba	estuviera
estábamos	estuviéramos
estabais	estuvierais
estaban	estuvieran

Preterite	Future
estuve	estaré
estuviste	estarás
estuvo	estará
estuvimos	estaremos
estuvisteis	estaréis
estuvieron	estarán

Perfect indicative	Conditional
he estado	estaría
has estado	estarías
ha estado	estaría
hemos estado	estaríamos
habéis estado	estaríais
han estado	estarían

Pluperfect indicative	Imperative
había estado	–
habías estado	está
había estado	esté
habíamos estado	estemos
habíais estado	estad
habían estado	estén

estudiar *to study*

Gerund estudiando *Past participle* estudiado

Present indicative	*Present subjunctive*
estudio	estudie
estudias	estudies
estudia	estudie
estudiamos	estudiemos
estudiáis	estudiéis
estudian	estudien

Imperfect indicative	*Imperfect subjunctive*
estudiaba	estudiara
estudiabas	estudiaras
estudiaba	estudiara
estudiábamos	estudiáramos
estudiabais	estudiarais
estudiaban	estudiaran

Preterite	*Future*
estudié	estudiaré
estudiaste	estudiarás
estudió	estudiará
estudiamos	estudiaremos
estudiasteis	estudiaréis
estudiaron	estudiarán

Perfect indicative	*Conditional*
he estudiado	estudiaría
has estudiado	estudiarías
ha estudiado	estudiaría
hemos estudiado	estudiaríamos
habéis estudiado	estudiaríais
han estudiado	estudiarían

Pluperfect indicative	*Imperative*
había estudiado	–
habías estudiado	estudia
había estudiado	estudie
habíamos estudiado	estudiemos
habíais estudiado	estudiad
habían estudiado	estudien

exigir *to demand*

Gerund exigiendo *Past participle* exigido

Present indicative	*Present subjunctive*
exijo	exija
exiges	exijas
exige	exija
exigimos	exijamos
exigís	exijáis
exigen	exijan

Imperfect indicative	*Imperfect subjunctive*
exigía	exigiera
exigías	exigieras
exigía	exigiera
exigíamos	exigiéramos
exigíais	exigierais
exigían	exigieran

Preterite	*Future*
exigí	exigiré
exigiste	exigirás
exigió	exigirá
exigimos	exigiremos
exigisteis	exigiréis
exigieron	exigirán

Perfect indicative	*Conditional*
he exigido	exigiría
has exigido	exigirías
ha exigido	exigiría
hemos exigido	exigiríamos
habéis exigido	exigiríais
han exigido	exigirían

Pluperfect indicative	*Imperative*
había exigido	–
habías exigido	exige
había exigido	exija
habíamos exigido	exijamos
habíais exigido	exigid
habían exigido	exijan

explicar *to explain*

Gerund explicando *Past participle* explicado

Present indicative	*Present subjunctive*
explico	explique
explicas	expliques
explica	explique
explicamos	expliquemos
explicáis	expliquéis
explican	expliquen

Imperfect indicative	*Imperfect subjunctive*
explicaba	explicara
explicabas	explicaras
explicaba	explicara
explicábamos	explicáramos
explicabais	explicarais
explicaban	explicaran

Preterite	*Future*
expliqué	explicaré
explicaste	explicarás
explicó	explicará
explicamos	explicaremos
explicasteis	explicaréis
explicaron	explicarán

Perfect indicative	*Conditional*
he explicado	explicaría
has explicado	explicarías
ha explicado	explicaría
hemos explicado	explicaríamos
habéis explicado	explicaríais
han explicado	explicarían

Pluperfect indicative	*Imperative*
había explicado	–
habías explicado	explica
había explicado	explique
habíamos explicado	expliquemos
habíais explicado	explicad
habían explicado	expliquen

fregar *to wash up*

Gerund fregando *Past participle* fregado

Present indicative	*Present subjunctive*
friego	friegue
friegas	friegues
friega	friegue
fregamos	freguemos
fregáis	freguéis
friegan	frieguen

Imperfect indicative	*Imperfect subjunctive*
fregaba	fregara
fregabas	fregaras
fregaba	fregara
fregábamos	fregáramos
fregabais	fregarais
fregaban	fregaran

Preterite	*Future*
fregué	fregaré
fregaste	fregarás
fregó	fregará
fregamos	fregaremos
fregasteis	fregaréis
fregaron	fregarán

Perfect indicative	*Conditional*
he fregado	fregaría
has fregado	fregarías
ha fregado	fregaría
hemos fregado	fregaríamos
habéis fregado	fregaríais
han fregado	fregarían

Pluperfect indicative	*Imperative*
había fregado	–
habías fregado	friega
había fregado	friegue
habíamos fregado	freguemos
habíais fregado	fregad
habían fregado	frieguen

91

freír *to fry*

Gerund friendo *Past participle* frito

Present indicative	*Present subjunctive*
frío	fría
fríes	frías
fríe	fría
freímos	friamos
freís	friáis
fríen	frían

Imperfect indicative	*Imperfect subjunctive*
freía	friera
freías	frieras
freía	friera
freíamos	friéramos
freíais	frierais
freían	frieran

Preterite	*Future*
freí	freiré
freíste	freirás
frió	freirá
freímos	freiremos
freísteis	freiréis
frieron	freirán

Perfect indicative	*Conditional*
he frito	freiría
has frito	freirías
ha frito	freiría
hemos frito	freiríamos
habéis frito	freiríais
han frito	freirían

Pluperfect indicative	*Imperative*
había frito	–
habías frito	fríe
había frito	fría
habíamos frito	friamos
habíais frito	freíd
habían frito	frían

gemir *to groan; to roar*
Gerund gimiendo *Past participle* gemido

Present indicative	*Present subjunctive*
gimo	gima
gimes	gimas
gime	gima
gemimos	gimamos
gemís	gimáis
gimen	giman

Imperfect indicative	*Imperfect subjunctive*
gemía	gimiera
gemías	gimieras
gemía	gimiera
gemíamos	gimiéramos
gemíais	gimierais
gemían	gimieran

Preterite	*Future*
gemí	gemiré
gemiste	gemirás
gimió	gemirá
gemimos	gemiremos
gemisteis	gemiréis
gimieron	gemirán

Perfect indicative	*Conditional*
he gemido	gemiría
has gemido	gemirías
ha gemido	gemiría
hemos gemido	gemiríamos
habéis gemido	gemiríais
han gemido	gemirían

Pluperfect indicative	*Imperative*
había gemido	–
habías gemido	gime
había gemido	gima
habíamos gemido	gimamos
habíais gemido	gemid
habían gemido	giman

guiar *to guide*

Gerund guiando *Past participle* guiado

Present indicative	*Present subjunctive*
guío	guíe
guías	guíes
guía	guíe
guiamos	guiemos
guiáis	guiéis
guían	guíen

Imperfect indicative	*Imperfect subjunctive*
guiaba	guiara
guiabas	guiaras
guiaba	guiara
guiábamos	guiáramos
guiabais	guiarais
guiaban	guiaran

Preterite	*Future*
guié	guiaré
guiaste	guiarás
guió	guiará
guiamos	guiaremos
guiasteis	guiaréis
guiaron	guiarán

Perfect indicative	*Conditional*
he guiado	guiaría
has guiado	guiarías
ha guiado	guiaría
hemos guiado	guiaríamos
habéis guiado	guiaríais
han guiado	guiarían

Pluperfect indicative	*Imperative*
había guiado	–
habías guiado	guía
había guiado	guíe
habíamos guiado	guiemos
habíais guiado	guiad
habían guiado	guíen

gustar *to please*

Gerund gustando *Past participle* gustado

Present indicative	*Present subjunctive*
gusto	guste
gustas	gustes
gusta	guste
gustamos	gustemos
gustáis	gustéis
gustan	gusten

Imperfect indicative	*Imperfect subjunctive*
gustaba	gustara
gustabas	gustaras
gustaba	gustara
gustábamos	gustáramos
gustabais	gustarais
gustaban	gustaran

Preterite	*Future*
gusté	gustaré
gustaste	gustarás
gustó	gustará
gustamos	gustaremos
gustasteis	gustaréis
gustaron	gustarán

Perfect indicative	*Conditional*
he gustado	gustaría
has gustado	gustarías
ha gustado	gustaría
hemos gustado	gustaríamos
habéis gustado	gustaríais
han gustado	gustarían

Pluperfect indicative	*Imperative*
había gustado	–
habías gustado	gusta
había gustado	guste
habíamos gustado	gustemos
habíais gustado	gustad
habían gustado	gusten

95

haber *to have*

Gerund habiendo *Past participle* habido

Present indicative	Present subjunctive
he	haya
has	hayas
ha	haya
hemos	hayamos
habéis	hayáis
han	hayan

Imperfect indicative	Imperfect subjunctive
había	hubiera
habías	hubieras
había	hubiera
habíamos	hubiéramos
habíais	hubierais
habían	hubieran

Preterite	Future
hube	habré
hubiste	habrás
hubo	habrá
hubimos	habremos
hubisteis	habréis
hubieron	habrán

Perfect indicative	Conditional
he habido	habría
has habido	habrías
ha habido	habría
hemos habido	habríamos
habéis habido	habríais
han habido	habrían

Pluperfect indicative	Imperative
había habido	–
habías habido	he
había habido	haya
habíamos habido	hayamos
habíais habido	habed
habían habido	hayan

hablar *to talk, speak*

Gerund hablando *Past participle* hablado

Present indicative	*Present subjunctive*
hablo	hable
hablas	hables
habla	hable
hablamos	hablemos
habláis	habléis
hablan	hablen

Imperfect indicative	*Imperfect subjunctive*
hablaba	hablara
hablabas	hablaras
hablaba	hablara
hablábamos	habláramos
hablabais	hablarais
hablaban	hablaran

Preterite	*Future*
hablé	hablaré
hablaste	hablarás
habló	hablará
hablamos	hablaremos
hablasteis	hablaréis
hablaron	hablarán

Perfect indicative	*Conditional*
he hablado	hablaría
has hablado	hablarías
ha hablado	hablaría
hemos hablado	hablaríamos
habéis hablado	hablaríais
han hablado	hablarían

Pluperfect indicative	*Imperative*
había hablado	–
habías hablado	habla
había hablado	hable
habíamos hablado	hablemos
habíais hablado	hablad
habían hablado	hablen

hacer *to do, to make*

Gerund haciendo *Past participle* hecho

Present indicative	*Present subjunctive*
hago	haga
haces	hagas
hace	haga
hacemos	hagamos
hacéis	hagáis
hacen	hagan

Imperfect indicative	*Imperfect subjunctive*
hacía	hiciera
hacías	hicieras
hacía	hiciera
hacíamos	hiciéramos
hacíais	hicierais
hacían	hicieran

Preterite	*Future*
hice	haré
hiciste	harás
hizo	hará
hicimos	haremos
hicisteis	haréis
hicieron	harán

Perfect indicative	*Conditional*
he hecho	haría
has hecho	harías
ha hecho	haría
hemos hecho	haríamos
habéis hecho	haríais
han hecho	harían

Pluperfect indicative	*Imperative*
había hecho	–
habías hecho	haz
había hecho	haga
habíamos hecho	hagamos
habíais hecho	haced
habían hecho	hagan

herir *to hurt*

Gerund hiriendo *Past participle* herido

Present indicative	*Present subjunctive*
hiero	hiera
hieres	hieras
hiere	hiera
herimos	hiramos
herís	hiráis
hieren	hieran

Imperfect indicative	*Imperfect subjunctive*
hería	hiriera
herías	hirieras
hería	hiriera
heríamos	hiriéramos
heríais	hirierais
herían	hirieran

Preterite	*Future*
herí	heriré
heriste	herirás
hirió	herirá
herimos	heriremos
heristeis	heriréis
hirieron	herirán

Perfect indicative	*Conditional*
he herido	heriría
has herido	herirías
ha herido	heriría
hemos herido	heriríamos
habéis herido	heriríais
han herido	herirían

Pluperfect indicative	*Imperative*
había herido	–
habías herido	hiere
había herido	hiera
habíamos herido	hiramos
habíais herido	herid
habían herido	hieran

huir *to run away*

Gerund huyendo *Past participle* huido

Present indicative	*Present subjunctive*
huyo	huya
huyes	huyas
huye	huya
huimos	huyamos
huís	huyáis
huyen	huyan

Imperfect indicative	*Imperfect subjunctive*
huía	huyera
huías	huyeras
huía	huyera
huíamos	huyéramos
huíais	huyerais
huían	huyeran

Preterite	*Future*
huí	huiré
huiste	huirás
huyó	huirá
huimos	huiremos
huisteis	huiréis
huyeron	huirán

Perfect indicative	*Conditional*
he huido	huiría
has huido	huirías
ha huido	huiría
hemos huido	huiríamos
habéis huido	huiríais
han huido	huirían

Pluperfect indicative	*Imperative*
había huido	—
habías huido	huye
había huido	huya
habíamos huido	huyamos
habíais huido	huid
habían huido	huyan

intentar *to try*

Gerund intentando *Past participle* intentado

Present indicative	*Present subjunctive*
intento	intente
intentas	intentes
intenta	intente
intentamos	intentemos
intentáis	intentéis
intentan	intenten

Imperfect indicative	*Imperfect subjunctive*
intentaba	intentara
intentabas	intentaras
intentaba	intentara
intentábamos	intentáramos
intentabais	intentarais
intentaban	intentaran

Preterite	*Future*
intenté	intentaré
intentaste	intentarás
intentó	intentará
intentamos	intentaremos
intentasteis	intentaréis
intentaron	intentarán

Perfect indicative	*Conditional*
he intentado	intentaría
has intentado	intentarías
ha intentado	intentaría
hemos intentado	intentaríamos
habéis intentado	intentaríais
han intentado	intentarían

Pluperfect indicative	*Imperative*
había intentado	–
habías intentado	intenta
había intentado	intente
habíamos intentado	intentemos
habíais intentado	intentad
habían intentado	intenten

introducir *to introduce*

Gerund introduciendo *Past participle* introducido

Present indicative	*Present subjunctive*
introduzco	introduzca
introduces	introduzcas
introduce	introduzca
introducimos	introduzcamos
introducís	introduzcáis
introducen	introduzcan

Imperfect indicative	*Imperfect subjunctive*
introducía	introdujera
introducías	introdujeras
introducía	introdujera
introducíamos	introdujéramos
introducíais	introdujerais
introducían	introdujeran

Preterite	*Future*
introduje	introduciré
introdujiste	introducirás
introdujo	introducirá
introdujimos	introduciremos
introdujisteis	introduciréis
introdujeron	introducirán

Perfect indicative	*Conditional*
he introducido	introduciría
has introducido	introducirías
ha introducido	introduciría
hemos introducido	introduciríamos
habéis introducido	introduciríais
han introducido	introducirían

Pluperfect indicative	*Imperative*
había introducido	–
habías introducido	introduce
había introducido	introduzca
habíamos introducido	introduzcamos
habíais introducido	introducid
habían introducido	introduzcan

ir *to go*

Gerund yendo *Past participle* ido

Present indicative	Present subjunctive
voy	vaya
vas	vayas
va	vaya
vamos	vayamos
vais	vayáis
van	vayan

Imperfect indicative	Imperfect subjunctive
iba	fuera
ibas	fueras
iba	fuera
íbamos	fuéramos
ibais	fuerais
iban	fueran

Preterite	Future
fui	iré
fuiste	irás
fue	irá
fuimos	iremos
fuisteis	iréis
fueron	irán

Perfect indicative	Conditional
he ido	iría
has ido	irías
ha ido	iría
hemos ido	iríamos
habéis ido	iríais
han ido	irían

Pluperfect indicative	Imperative
había ido	–
habías ido	ve
había ido	vaya
habíamos ido	vayamos
habíais ido	id
habían ido	vayan

jugar *to play*

Gerund jugando *Past participle* jugado

Present indicative	Present subjunctive
juego	juegue
juegas	juegues
juega	juegue
jugamos	juguemos
jugáis	juguéis
juegan	jueguen

Imperfect indicative	Imperfect subjunctive
jugaba	jugara
jugabas	jugaras
jugaba	jugara
jugábamos	jugáramos
jugabais	jugarais
jugaban	jugaran

Preterite	Future
jugué	jugaré
jugaste	jugarás
jugó	jugará
jugamos	jugaremos
jugasteis	jugaréis
jugaron	jugarán

Perfect indicative	Conditional
he jugado	jugaría
has jugado	jugarías
ha jugado	jugaría
hemos jugado	jugaríamos
habéis jugado	jugaríais
han jugado	jugarían

Pluperfect indicative	Imperative
había jugado	–
habías jugado	juega
había jugado	juegue
habíamos jugado	juguemos
habíais jugado	jugad
habían jugado	jueguen

juzgar *to judge*

Gerund juzgando *Past participle* juzgado

Present indicative	*Present subjunctive*
juzgo	juzgue
juzgas	juzgues
juzga	juzgue
juzgamos	juzguemos
juzgáis	juzguéis
juzgan	juzguen

Imperfect indicative	*Imperfect subjunctive*
juzgaba	juzgara
juzgabas	juzgaras
juzgaba	juzgara
juzgábamos	juzgáramos
juzgabais	juzgarais
juzgaban	juzgaran

Preterite	*Future*
juzgué	juzgaré
juzgaste	juzgarás
juzgó	juzgará
juzgamos	juzgaremos
juzgasteis	juzgaréis
juzgaron	juzgarán

Perfect indicative	*Conditional*
he juzgado	juzgaría
has juzgado	juzgarías
ha juzgado	juzgaría
hemos juzgado	juzgaríamos
habéis juzgado	juzgaríais
han juzgado	juzgarían

Pluperfect indicative	*Imperative*
había juzgado	–
habías juzgado	juzga
había juzgado	juzgue
habíamos juzgado	juzguemos
habíais juzgado	juzgad
habían juzgado	juzguen

lavar *to wash*

Gerund lavando *Past participle* lavado

Present indicative	*Present subjunctive*
lavo	lave
lavas	laves
lava	lave
lavamos	lavemos
laváis	lavéis
lavan	laven

Imperfect indicative	*Imperfect subjunctive*
lavaba	lavara
lavabas	lavaras
lavaba	lavara
lavábamos	laváramos
lavabais	lavarais
lavaban	lavaran

Preterite	*Future*
lavé	lavaré
lavaste	lavarás
lavó	lavará
lavamos	lavaremos
lavasteis	lavaréis
lavaron	lavarán

Perfect indicative	*Conditional*
he lavado	lavaría
has lavado	lavarías
ha lavado	lavaría
hemos lavado	lavaríamos
habéis lavado	lavaríais
han lavado	lavarían

Pluperfect indicative	*Imperative*
había lavado	–
habías lavado	lava
había lavado	lave
habíamos lavado	lavemos
habíais lavado	lavad
habían lavado	laven

leer *to read*

Gerund leyendo *Past participle* leído

Present indicative	*Present subjunctive*
leo	lea
lees	leas
lee	lea
leemos	leamos
leéis	leáis
leen	lean

Imperfect indicative	*Imperfect subjunctive*
leía	leyera
leías	leyeras
leía	leyera
lcíamos	leyéramos
leíais	leyerais
leían	leyeran

Preterite	*Future*
leí	leeré
leíste	leerás
leyó	leerá
leímos	leeremos
leísteis	leeréis
leyeron	leerán

Perfect indicative	*Conditional*
he leído	leería
has leído	leerías
ha leído	leería
hemos leído	leeríamos
habéis leído	leeríais
han leído	leerían

Pluperfect indicative	*Imperative*
había leído	–
habías leído	lee
había leído	lea
habíamos leído	leamos
habíais leído	leed
habían leído	lean

levantarse *to get up*

Gerund levantándose *Past participle* levantado

Present indicative
me levanto
te levantas
se levanta
nos levantamos
os levantáis
se levantan

Present subjunctive
me levante
te levantes
se levante
nos levantemos
os levantéis
se levanten

Imperfect indicative
me levantaba
te levantabas
se levantaba
nos levantábamos
os levantabais
se levantaban

Imperfect subjunctive
me levantara
te levantaras
se levantara
nos levantáramos
os levantarais
se levantaran

Preterite
me levanté
te levantaste
se levantó
nos levantamos
os levantasteis
se levantaron

Future
me levantaré
te levantarás
se levantará
nos levantaremos
os levantaréis
se levantarán

Perfect indicative
me he levantado
te has levantado
se ha levantado
nos hemos levantado
os habéis levantado
se han levantado

Conditional
me levantaría
te levantarías
se levantaría
nos levantaríamos
os levantaríais
se levantarían

Pluperfect indicative
me había levantado
te habías levantado
se había levantado
nos habíamos levantado
os habíais levantado
se habían levantado

Imperative
–
levántate
levántese
levantémonos
levantaos
levántense

llamar *to call*

Gerund llamando *Past participle* llamado

Present indicative	Present subjunctive
llamo	llame
llamas	llames
llama	llame
llamamos	llamemos
llamáis	llaméis
llaman	llamen

Imperfect indicative	Imperfect subjunctive
llamaba	llamara
llamabas	llamaras
llamaba	llamara
llamábamos	llamáramos
llamabais	llamarais
llamaban	llamaran

Preterite	Future
llamé	llamaré
llamaste	llamarás
llamó	llamará
llamamos	llamaremos
llamasteis	llamaréis
llamaron	llamarán

Perfect indicative	Conditional
he llamado	llamaría
has llamado	llamarías
ha llamado	llamaría
hemos llamado	llamaríamos
habéis llamado	llamaríais
han llamado	llamarían

Pluperfect indicative	Imperative
había llamado	–
habías llamado	llama
había llamado	llame
habíamos llamado	llamemos
habíais llamado	llamad
habían llamado	llamen

llegar *to arrive*

Gerund llegando *Past participle* llegado

Present indicative	*Present subjunctive*
llego	llegue
llegas	llegues
llega	llegue
llegamos	lleguemos
llegáis	lleguéis
llegan	lleguen

Imperfect indicative	*Imperfect subjunctive*
llegaba	llegara
llegabas	llegaras
llegaba	llegara
llegábamos	llegáramos
llegabais	llegarais
llegaban	llegaran

Preterite	*Future*
llegué	llegaré
llegaste	llegarás
llegó	llegará
llegamos	llegaremos
llegasteis	llegaréis
llegaron	llegarán

Perfect indicative	*Conditional*
he llegado	llegaría
has llegado	llegarías
ha llegado	llegaría
hemos llegado	llegaríamos
habéis llegado	llegaríais
han llegado	llegarían

Pluperfect indicative	*Imperative*
había llegado	–
habías llegado	llega
había llegado	llegue
habíamos llegado	lleguemos
habíais llegado	llegad
habían llegado	lleguen

llenar *to fill*

Gerund llenando *Past participle* llenado

Present indicative	Present subjunctive
lleno	llene
llenas	llenes
llena	llene
llenamos	llenemos
llenáis	llenéis
llenan	llenen

Imperfect indicative	Imperfect subjunctive
llenaba	llenara
llenabas	llenaras
llenaba	llenara
llenábamos	llenáramos
llenabais	llenarais
llenaban	llenaran

Preterite	Future
llené	llenaré
llenaste	llenarás
llenó	llenará
llenamos	llenaremos
llenasteis	llenaréis
llenaron	llenarán

Perfect indicative	Conditional
he llenado	llenaría
has llenado	llenarías
ha llenado	llenaría
hemos llenado	llenaríamos
habéis llenado	llenaríais
han llenado	llenarían

Pluperfect indicative	Imperative
había llenado	–
habías llenado	llena
había llenado	llene
habíamos llenado	llenemos
habíais llenado	llenad
habían llenado	llenen

matar *to kill*

Gerund matando *Past participle* matado

Present indicative	*Present subjunctive*
mato	mate
matas	mates
mata	mate
matamos	matemos
matáis	matéis
matan	maten

Imperfect indicative	*Imperfect subjunctive*
mataba	matara
matabas	mataras
mataba	matara
matábamos	matáramos
matabais	matarais
mataban	mataran

Preterite	*Future*
maté	mataré
mataste	matarás
mató	matará
matamos	mataremos
matasteis	mataréis
mataron	matarán

Perfect indicative	*Conditional*
he matado	mataría
has matado	matarías
ha matado	mataría
hemos matado	mataríamos
habéis matado	mataríais
han matado	matarían

Pluperfect indicative	*Imperative*
había matado	–
habías matado	mata
había matado	mate
habíamos matado	matemos
habíais matado	matad
habían matado	maten

mentir *to (tell a) lie*

Gerund mintiendo *Past participle* mentido

Present indicative	*Present subjunctive*
miento	mienta
mientes	mientas
miente	mienta
mentimos	mintamos
mentís	mintáis
mienten	mientan

Imperfect indicative	*Imperfect subjunctive*
mentía	mintiera
mentías	mintieras
mentía	mintiera
mentíamos	mintiéramos
mentíais	mintierais
mentían	mintieran

Preterite	*Future*
mentí	mentiré
mentiste	mentirás
mintió	mentirá
mentimos	mentiremos
mentisteis	mentiréis
mintieron	mentirán

Perfect indicative	*Conditional*
he mentido	mentiría
has mentido	mentirías
ha mentido	mentiría
hemos mentido	mentiríamos
habéis mentido	mentiríais
han mentido	mentirían

Pluperfect indicative	*Imperative*
había mentido	–
habías mentido	miente
había mentido	mienta
habíamos mentido	mintamos
habíais mentido	mentid
habían mentido	mientan

113

merecer *to deserve*

Gerund mereciendo *Past participle* merecido

Present indicative	*Present subjunctive*
merezco	merezca
mereces	merezcas
merece	merezca
merecemos	merezcamos
merecéis	merezcáis
merecen	merezcan

Imperfect indicative	*Imperfect subjunctive*
merecía	mereciera
merecías	merecieras
merecía	mereciera
merecíamos	mereciéramos
merecíais	merecierais
merecían	merecieran

Preterite	*Future*
merecí	mereceré
mereciste	merecerás
mereció	merecerá
merecimos	mereceremos
merecisteis	mereceréis
merecieron	merecerán

Perfect indicative	*Conditional*
he merecido	merecería
has merecido	merecerías
ha merecido	merecería
hemos merecido	mereceríamos
habéis merecido	mereceríais
han merecido	merecerían

Pluperfect indicative	*Imperative*
había merecido	–
habías merecido	merece
había merecido	merezca
habíamos merecido	merezcamos
habíais merecido	mereced
habían merecido	merezcan

morder *to bite*

Gerund mordiendo *Past participle* mordido

Present indicative	*Present subjunctive*
muerdo	muerda
muerdes	muerdas
muerde	muerda
mordemos	mordamos
mordéis	mordáis
muerden	muerdan

Imperfect indicative	*Imperfect subjunctive*
mordía	mordiera
mordías	mordieras
mordía	mordiera
mordíamos	mordiéramos
mordíais	mordierais
mordían	mordieran

Preterite	*Future*
mordí	morderé
mordiste	morderás
mordió	morderá
mordimos	morderemos
mordisteis	morderéis
mordieron	morderán

Perfect indicative	*Conditional*
he mordido	mordería
has mordido	morderías
ha mordido	mordería
hemos mordido	morderíamos
habéis mordido	morderíais
han mordido	morderían

Pluperfect indicative	*Imperative*
había mordido	–
habías mordido	muerde
había mordido	muerda
habíamos mordido	mordamos
habíais mordido	morded
habían mordido	muerdan

morir *to die*

Gerund muriendo *Past participle* muerto

Present indicative	*Present subjunctive*
muero	muera
mueres	mueras
muere	muera
morimos	muramos
morís	muráis
mueren	mueran

Imperfect indicative	*Imperfect subjunctive*
moría	muriera
morías	murieras
moría	muriera
moríamos	muriéramos
moríais	murierais
morían	murieran

Preterite	*Future*
morí	moriré
moriste	morirás
murió	morirá
morimos	moriremos
moristeis	moriréis
murieron	morirán

Perfect indicative	*Conditional*
he muerto	moriría
has muerto	morirías
ha muerto	moriría
hemos muerto	moriríamos
habéis muerto	moriríais
han muerto	morirían

Pluperfect indicative	*Imperative*
había muerto	–
habías muerto	muere
había muerto	muera
habíamos muerto	muramos
habíais muerto	morid
habían muerto	mueran

mover *to move*

Gerund moviendo *Past participle* movido

Present indicative	*Present subjunctive*
muevo	mueva
mueves	muevas
mueve	mueva
movemos	movamos
movéis	mováis
mueven	muevan

Imperfect indicative	*Imperfect subjunctive*
movía	moviera
movías	movieras
movía	moviera
movíamos	moviéramos
movíais	movierais
movían	movieran

Preterite	*Future*
moví	moveré
moviste	moverás
movió	moverá
movimos	moveremos
movisteis	moveréis
movieron	moverán

Perfect indicative	*Conditional*
he movido	movería
has movido	moverías
ha movido	movería
hemos movido	moveríamos
habéis movido	moveríais
han movido	moverían

Pluperfect indicative	*Imperative*
había movido	–
habías movido	mueve
había movido	mueva
habíamos movido	movamos
habíais movido	moved
habían movido	muevan

nacer *to be born*

Gerund naciendo *Past participle* nacido

Present indicative	*Present subjunctive*
nazco	nazca
naces	nazcas
nace	nazca
nacemos	nazcamos
nacéis	nazcáis
nacen	nazcan

Imperfect indicative	*Imperfect subjunctive*
nacía	naciera
nacías	nacieras
nacía	naciera
nacíamos	naciéramos
nacíais	nacierais
nacían	nacieran

Preterite	*Future*
nací	naceré
naciste	nacerás
nació	nacerá
nacimos	naceremos
nacisteis	naceréis
nacieron	nacerán

Perfect indicative	*Conditional*
he nacido	nacería
has nacido	nacerías
ha nacido	nacería
hemos nacido	naceríamos
habéis nacido	naceríais
han nacido	nacerían

Pluperfect indicative	*Imperative*
había nacido	–
habías nacido	nace
había nacido	nazca
habíamos nacido	nazcamos
habíais nacido	naced
habían nacido	nazcan

nadar *to swim*

Gerund nadando *Past participle* nadado

Present indicative	*Present subjunctive*
nado	nade
nadas	nades
nada	nade
nadamos	nademos
nadáis	nadéis
nadan	naden

Imperfect indicative	*Imperfect subjunctive*
nadaba	nadara
nadabas	nadaras
nadaba	nadara
nadábamos	nadáramos
nadabais	nadarais
nadaban	nadaran

Preterite	*Future*
nadé	nadaré
nadaste	nadarás
nadó	nadará
nadamos	nadaremos
nadasteis	nadaréis
nadaron	nadarán

Perfect indicative	*Conditional*
he nadado	nadaría
has nadado	nadarías
ha nadado	nadaría
hemos nadado	nadaríamos
habéis nadado	nadaríais
han nadado	nadarían

Pluperfect indicative	*Imperative*
había nadado	–
habías nadado	nada
había nadado	nade
habíamos nadado	nademos
habíais nadado	nadad
habían nadado	naden

necesitar *to need*

Gerund necesitando *Past participle* necesitado

Present indicative	*Present subjunctive*
necesito	necesite
necesitas	necesites
necesita	necesite
necesitamos	necesitemos
necesitáis	necesitéis
necesitan	necesiten

Imperfect indicative	*Imperfect subjunctive*
necesitaba	necesitara
necesitabas	necesitaras
necesitaba	necesitara
necesitábamos	necesitáramos
necesitabais	necesitarais
necesitaban	necesitaran

Preterite	*Future*
necesité	necesitaré
necesitaste	necesitarás
necesitó	necesitará
necesitamos	necesitaremos
necesitasteis	necesitaréis
necesitaron	necesitarán

Perfect indicative	*Conditional*
he necesitado	necesitaría
has necesitado	necesitarías
ha necesitado	necesitaría
hemos necesitado	necesitaríamos
habéis necesitado	necesitaríais
han necesitado	necesitarían

Pluperfect indicative	*Imperative*
había necesitado	–
habías necesitado	necesita
había necesitado	necesite
habíamos necesitado	necesitemos
habíais necesitado	necesitad
habían necesitado	necesiten

negar *to deny*

Gerund negando *Past participle* negado

Present indicative	*Present subjunctive*
niego	niegue
niegas	niegues
niega	niegue
negamos	neguemos
negáis	neguéis
niegan	nieguen

Imperfect indicative	*Imperfect subjunctive*
negaba	negara
negabas	negaras
negaba	negara
negábamos	negáramos
negabais	negarais
negaban	negaran

Preterite	*Future*
negué	negaré
negaste	negarás
negó	negará
negamos	negaremos
negasteis	negaréis
negaron	negarán

Perfect indicative	*Conditional*
he negado	negaría
has negado	negarías
ha negado	negaría
hemos negado	negaríamos
habéis negado	negaríais
han negado	negarían

Pluperfect indicative	*Imperative*
había negado	–
habías negado	niega
había negado	niegue
habíamos negado	neguemos
habíais negado	negad
habían negado	nieguen

obedecer *to obey*

Gerund obedeciendo *Past participle* obedecido

Present indicative	*Present subjunctive*
obedezco	obedezca
obedeces	obedezcas
obedece	obedezca
obedecemos	obedezcamos
obedecéis	obedezcáis
obedecen	obedezcan

Imperfect indicative	*Imperfect subjunctive*
obedecía	obedeciera
obedecías	obedecieras
obedecía	obedeciera
obedecíamos	obedeciéramos
obedecíais	obedecierais
obedecían	obedecieran

Preterite	*Future*
obedecí	obedeceré
obedeciste	obedecerás
obedeció	obedecerá
obedecimos	obedeceremos
obedecisteis	obedeceréis
obedecieron	obedecerán

Perfect indicative	*Conditional*
he obedecido	obedecería
has obedecido	obedecerías
ha obedecido	obedecería
hemos obedecido	obedeceríamos
habéis obedecido	obedeceríais
han obedecido	obedecerían

Pluperfect indicative	*Imperative*
había obedecido	—
habías obedecido	obedece
había obedecido	obedezca
habíamos obedecido	obedezcamos
habíais obedecido	obedeced
habían obedecido	obedezcan

obligar *to oblige, to compel*

Gerund obligando *Past participle* obligado

Present indicative	*Present subjunctive*
obligo	obligue
obligas	obligues
obliga	obligue
obligamos	obliguemos
obligáis	obliguéis
obligan	obliguen

Imperfect indicative	*Imperfect subjunctive*
obligaba	obligara
obligabas	obligaras
obligaba	obligara
obligábamos	obligáramos
obligabais	obligarais
obligaban	obligaran

Preterite	*Future*
obligué	obligaré
obligaste	obligarás
obligó	obligará
obligamos	obligaremos
obligasteis	obligaréis
obligaron	obligarán

Perfect indicative	*Conditional*
he obligado	obligaría
has obligado	obligarías
ha obligado	obligaría
hemos obligado	obligaríamos
habéis obligado	obligaríais
han obligado	obligarían

Pluperfect indicative	*Imperative*
había obligado	–
habías obligado	obliga
había obligado	obligue
habíamos obligado	obliguemos
habíais obligado	obligad
habían obligado	obliguen

ofrecer *to offer*

Gerund ofreciendo *Past participle* ofrecido

Present indicative	*Present subjunctive*
ofrezco	ofrezca
ofreces	ofrezcas
ofrece	ofrezca
ofrecemos	ofrezcamos
ofrecéis	ofrezcáis
ofrecen	ofrezcan

Imperfect indicative	*Imperfect subjunctive*
ofrecía	ofreciera
ofrecías	ofrecieras
ofrecía	ofreciera
ofrecíamos	ofreciéramos
ofrecíais	ofrecierais
ofrecían	ofrecieran

Preterite	*Future*
ofrecí	ofreceré
ofreciste	ofrecerás
ofreció	ofrecerá
ofrecimos	ofreceremos
ofrecisteis	ofreceréis
ofrecieron	ofrecerán

Perfect indicative	*Conditional*
he ofrecido	ofrecería
has ofrecido	ofrecerías
ha ofrecido	ofrecería
hemos ofrecido	ofreceríamos
habéis ofrecido	ofreceríais
han ofrecido	ofrecerían

Pluperfect indicative	*Imperative*
había ofrecido	–
habías ofrecido	ofrece
había ofrecido	ofrezca
habíamos ofrecido	ofrezcamos
habíais ofrecido	ofreced
habían ofrecido	ofrezcan

oír *to hear*

Gerund oyendo *Past participle* oído

Present indicative	*Present subjunctive*
oigo	oiga
oyes	oigas
oye	oiga
oímos	oigamos
oís	oigáis
oyen	oigan

Imperfect indicative	*Imperfect subjunctive*
oía	oyera
oías	oyeras
oía	oyera
oíamos	oyéramos
oíais	oyerais
oían	oyeran

Preterite	*Future*
oí	oiré
oíste	oirás
oyó	oirá
oímos	oiremos
oísteis	oiréis
oyeron	oirán

Perfect indicative	*Conditional*
he oído	oiría
has oído	oirías
ha oído	oiría
hemos oído	oiríamos
habéis oído	oiríais
han oído	oirían

Pluperfect indicative	*Imperative*
había oído	–
habías oído	oye
había oído	oiga
habíamos oído	oigamos
habíais oído	oíd
habían oído	oigan

125

oler *to smell*

Gerund oliendo *Past participle* olido

Present indicative	*Present subjunctive*
huelo	huela
hueles	huelas
huele	huela
olemos	olamos
oléis	oláis
huelen	huelan

Imperfect indicative	*Imperfect subjunctive*
olía	oliera
olías	olieras
olía	oliera
olíamos	oliéramos
olíais	olierais
olían	olieran

Preterite	*Future*
olí	oleré
oliste	olerás
olió	olerá
olimos	oleremos
olisteis	oleréis
olieron	olerán

Perfect indicative	*Conditional*
he olido	olería
has olido	olerías
ha olido	olería
hemos olido	oleríamos
habéis olido	oleríais
han olido	olerían

Pluperfect indicative	*Imperative*
había olido	–
habías olido	huele
había olido	huela
habíamos olido	olamos
habíais olido	oled
habían olido	huelan

pagar *to pay*
Gerund pagando *Past participle* pagado

Present indicative	*Present subjunctive*
pago	pague
pagas	pagues
paga	pague
pagamos	paguemos
pagáis	paguéis
pagan	paguen

Imperfect indicative	*Imperfect subjunctive*
pagaba	pagara
pagabas	pagaras
pagaba	pagara
pagábamos	pagáramos
pagabais	pagarais
pagaban	pagaran

Preterite	*Future*
pagué	pagaré
pagaste	pagarás
pagó	pagará
pagamos	pagaremos
pagasteis	pagaréis
pagaron	pagarán

Perfect indicative	*Conditional*
he pagado	pagaría
has pagado	pagarías
ha pagado	pagaría
hemos pagado	pagaríamos
habéis pagado	pagaríais
han pagado	pagarían

Pluperfect indicative	*Imperative*
había pagado	–
habías pagado	paga
había pagado	pague
habíamos pagado	paguemos
habíais pagado	pagad
habían pagado	paguen

parecer *to seem*

Gerund pareciendo *Past participle* parecido

Present indicative	*Present subjunctive*
parezco	parezca
pareces	parezcas
parece	parezca
parecemos	parezcamos
parecéis	parezcáis
parecen	parezcan

Imperfect indicative	*Imperfect subjunctive*
parecía	pareciera
parecías	parecieras
parecía	pareciera
parecíamos	pareciéramos
parecíais	parecierais
parecían	parecieran

Preterite	*Future*
parecí	pareceré
pareciste	parecerás
pareció	parecerá
parecimos	pareceremos
parecisteis	pareceréis
parecieron	parecerán

Perfect indicative	*Conditional*
he parecido	parecería
has parecido	parecerías
ha parecido	parecería
hemos parecido	pareceríamos
habéis parecido	pareceríais
han parecido	parecerían

Pluperfect indicative	*Imperative*
había parecido	–
habías parecido	parece
había parecido	parezca
habíamos parecido	parezcamos
habíais parecido	pareced
habían parecido	parezcan

pasear *to walk*

Gerund paseando *Past participle* paseado

Present indicative	*Present subjunctive*
paseo	pasee
paseas	pasees
pasea	pasee
paseamos	paseemos
paseáis	paseéis
pasean	paseen

Imperfect indicative	*Imperfect subjunctive*
paseaba	paseara
paseabas	pasearas
paseaba	paseara
paseábamos	paseáramos
paseabais	pasearais
paseaban	pasearan

Preterite	*Future*
paseé	pasearé
paseaste	pasearás
paseó	paseará
paseamos	pasearemos
paseasteis	pasearéis
pasearon	pasearán

Perfect indicative	*Conditional*
he paseado	pasearía
has paseado	pasearías
ha paseado	pasearía
hemos paseado	pasearíamos
habéis paseado	pasearíais
han paseado	pasearían

Pluperfect indicative	*Imperative*
había paseado	–
habías paseado	pasea
había paseado	pasee
habíamos paseado	paseemos
habíais paseado	pasead
habían paseado	paseen

pedir *to ask for*
Gerund pidiendo *Past participle* pedido

Present indicative	*Present subjunctive*
pido	pida
pides	pidas
pide	pida
pedimos	pidamos
pedís	pidáis
piden	pidan

Imperfect indicative	*Imperfect subjunctive*
pedía	pidiera
pedías	pidieras
pedía	pidiera
pedíamos	pidiéramos
pedíais	pidierais
pedían	pidieran

Preterite	*Future*
pedí	pediré
pediste	pedirás
pidió	pedirá
pedimos	pediremos
pedisteis	pediréis
pidieron	pedirán

Perfect indicative	*Conditional*
he pedido	pediría
has pedido	pedirías
ha pedido	pediría
hemos pedido	pediríamos
habéis pedido	pediríais
han pedido	pedirían

Pluperfect indicative	*Imperative*
había pedido	–
habías pedido	pide
había pedido	pida
habíamos pedido	pidamos
habíais pedido	pedid
habían pedido	pidan

pensar *to think*

Gerund pensando *Past participle* pensado

Present indicative	*Present subjunctive*
pienso	piense
piensas	pienses
piensa	piense
pensamos	pensemos
pensáis	penséis
piensan	piensen

Imperfect indicative	*Imperfect subjunctive*
pensaba	pensara
pensabas	pensaras
pensaba	pensara
pensábamos	pensáramos
pensabais	pensarais
pensaban	pensaran

Preterite	*Future*
pensé	pensaré
pensaste	pensarás
pensó	pensará
pensamos	pensaremos
pensasteis	pensaréis
pensaron	pensarán

Perfect indicative	*Conditional*
he pensado	pensaría
has pensado	pensarías
ha pensado	pensaría
hemos pensado	pensaríamos
habéis pensado	pensaríais
han pensado	pensarían

Pluperfect indicative	*Imperative*
había pensado	–
habías pensado	piensa
había pensado	piense
habíamos pensado	pensemos
habíais pensado	pensad
habían pensado	piensen

131

perder *to lose*

Gerund perdiendo *Past participle* perdido

Present indicative	*Present subjunctive*
pierdo	pierda
pierdes	pierdas
pierde	pierda
perdemos	perdamos
perdéis	perdáis
pierden	pierdan

Imperfect indicative	*Imperfect subjunctive*
perdía	perdiera
perdías	perdieras
perdía	perdiera
perdíamos	perdiéramos
perdíais	perdierais
perdían	perdieran

Preterite	*Future*
perdí	perderé
perdiste	perderás
perdió	perderá
perdimos	perderemos
perdisteis	perderéis
perdieron	perderán

Perfect indicative	*Conditional*
he perdido	perdería
has perdido	perderías
ha perdido	perdería
hemos perdido	perderíamos
habéis perdido	perderíais
han perdido	perderían

Pluperfect indicative	*Imperative*
había perdido	–
habías perdido	pierde
había perdido	pierda
habíamos perdido	perdamos
habíais perdido	perded
habían perdido	pierdan

pertenecer *to belong*

Gerund perteneciendo *Past participle* pertenecido

Present indicative
pertenezco
perteneces
pertenece
pertenecemos
pertenecéis
pertenecen

Present subjunctive
pertenezca
pertenezcas
pertenezca
pertenezcamos
pertenezcáis
pertenezcan

Imperfect indicative
pertenecía
pertenecías
pertenecía
pertenecíamos
pertenecíais
pertenecían

Imperfect subjunctive
perteneciera
pertenecieras
perteneciera
perteneciéramos
pertenecierais
pertenecieran

Preterite
pertenecí
perteneciste
perteneció
pertenecimos
pertenecisteis
pertenecieron

Future
perteneceré
pertenecerás
pertenecerá
perteneceremos
perteneceréis
pertenecerán

Perfect indicative
he pertenecido
has pertenecido
ha pertenecido
hemos pertenecido
habéis pertenecido
han pertenecido

Conditional
pertenecería
pertenecerías
pertenecería
perteneceríamos
perteneceríais
pertenecerían

Pluperfect indicative
había pertenecido
habías pertenecido
había pertenecido
habíamos pertenecido
habíais pertenecido
habían pertenecido

Imperative
–
pertenece
pertenezca
pertenezcamos
perteneced
pertenezcan

poder *to be able to, can*

Gerund pudiendo *Past participle* podido

Present indicative	*Present subjunctive*
puedo	pueda
puedes	puedas
puede	pueda
podemos	podamos
podéis	podáis
pueden	puedan

Imperfect indicative	*Imperfect subjunctive*
podía	pudiera
podías	pudieras
podía	pudiera
podíamos	pudiéramos
podíais	pudierais
podían	pudieran

Preterite	*Future*
pude	podré
pudiste	podrás
pudo	podrá
pudimos	podremos
pudisteis	podréis
pudieron	podrán

Perfect indicative	*Conditional*
he podido	podría
has podido	podrías
ha podido	podría
hemos podido	podríamos
habéis podido	podríais
han podido	podrían

Pluperfect indicative	*Imperative*
había podido	–
habías podido	puede
había podido	pueda
habíamos podido	podamos
habíais podido	poded
habían podido	puedan

poner *to put*

Gerund poniendo *Past participle* puesto

Present indicative	*Present subjunctive*
pongo	ponga
pones	pongas
pone	ponga
ponemos	pongamos
ponéis	pongáis
ponen	pongan

Imperfect indicative	*Imperfect subjunctive*
ponía	pusiera
ponías	pusieras
ponía	pusiera
poníamos	pusiéramos
poníais	pusierais
ponían	pusieran

Preterite	*Future*
puse	pondré
pusiste	pondrás
puso	pondrá
pusimos	pondremos
pusisteis	pondréis
pusieron	pondrán

Perfect indicative	*Conditional*
he puesto	pondría
has puesto	pondrías
ha puesto	pondría
hemos pucsto	pondríamos
habéis puesto	pondríais
han puesto	pondrían

Pluperfect indicative	*Imperative*
había puesto	–
habías puesto	pon
había puesto	ponga
habíamos puesto	pongamos
habíais puesto	poned
habían puesto	pongan

preferir *to prefer*

Gerund prefiriendo *Past participle* preferido

Present indicative	*Preprefect subjunctive*
prefiero	prefiera
prefieres	prefieras
prefiere	prefiera
preferimos	prefiramos
preferís	prefiráis
prefieren	prefieran

Imperfect indicative	*Imperfect subjunctive*
prefería	prefiriera
preferías	prefirieras
prefería	prefiriera
preferíamos	prefiriéramos
preferíais	prefirierais
preferían	prefirieran

Preterite	*Future*
preferí	preferiré
preferiste	preferirás
prefirió	preferirá
preferimos	preferiremos
preferisteis	preferiréis
prefirieron	preferirán

Perfect indicative	*Conditional*
he preferido	preferiría
has preferido	preferirías
ha preferido	preferiría
hemos preferido	preferiríamos
habéis preferido	preferiríais
han preferido	preferirían

Pluperfect indicative	*Imperative*
había preferido	–
habías preferido	prefiere
había preferido	prefiera
habíamos preferido	prefiramos
habíais preferido	preferid
habían preferido	prefieran

probar *to taste, try*

Gerund probando *Past participle* probado

Present indicative	*Present subjunctive*
pruebo	pruebe
pruebas	pruebes
prueba	pruebe
probamos	probemos
probáis	probéis
prueban	prueben

Imperfect indicative	*Imperfect subjunctive*
probaba	probara
probabas	probaras
probaba	probara
probábamos	probáramos
probabais	probarais
probaban	probaran

Preterite	*Future*
probé	probaré
probaste	probarás
probó	probará
probamos	probaremos
probasteis	probaréis
probaron	probarán

Perfect indicative	*Conditional*
he probado	probaría
has probado	probarías
ha probado	probaría
hemos probado	probaríamos
habéis probado	probaríais
han probado	probarían

Pluperfect indicative	*Imperative*
había probado	–
habías probado	prueba
había probado	pruebe
habíamos probado	probemos
habíais probado	probad
habían probado	prueben

prohibir *to forbid*
Gerund prohibiendo *Past participle* prohibido

Present indicative	*Present subjunctive*
prohíbo	prohíba
prohíbes	prohíbas
prohíbe	prohíba
prohibimos	prohibamos
prohibís	prohibáis
prohíben	prohíban

Imperfect indicative	*Imperfect subjunctive*
prohibía	prohibiera
prohibías	prohibieras
prohibía	prohibiera
prohibíamos	prohibiéramos
prohibíais	prohibierais
prohibían	prohibieran

Preterite	*Future*
prohibí	prohibiré
prohibiste	prohibirás
prohibió	prohibirá
prohibimos	prohibiremos
prohibisteis	prohibiréis
prohibieron	prohibirán

Perfect indicative	*Conditional*
he prohibido	prohibiría
has prohibido	prohibirías
ha prohibido	prohibiría
hemos prohibido	prohibiríamos
habéis prohibido	prohibiríais
han prohibido	prohibirían

Pluperfect indicative	*Imperative*
había prohibido	–
habías prohibido	prohíbe
había prohibido	prohíba
habíamos prohibido	prohibamos
habíais prohibido	prohibid
habían prohibido	prohíban

querer *to want, to love*
Gerund queriendo *Past participle* querido

Present indicative	*Present subjunctive*
quiero	quiera
quieres	quieras
quiere	quiera
queremos	queramos
queréis	queráis
quieren	quieran

Imperfect indicative	*Imperfect subjunctive*
quería	quisiera
querías	quisieras
quería	quisiera
queríamos	quisiéramos
queríais	quisierais
querían	quisieran

Preterite	*Future*
quise	querré
quisiste	querrás
quiso	querrá
quisimos	querremos
quisisteis	querréis
quisieron	querrán

Perfect indicative	*Conditional*
he querido	querría
has querido	querrías
ha querido	querría
hemos qucrido	querríamos
habéis querido	querríais
han querido	querrían

Pluperfect indicative	*Imperative*
había querido	–
habías querido	quiere
había querido	quiera
habíamos querido	queramos
habíais querido	quered
habían querido	quieran

recibir *to receive*

Gerund recibiendo *Past participle* recibido

Present indicative	*Present subjunctive*
recibo	reciba
recibes	recibas
recibe	reciba
recibimos	recibamos
recibís	recibáis
reciben	reciban

Imperfect indicative	*Imperfect subjunctive*
recibía	recibiera
recibías	recibieras
recibía	recibiera
recibíamos	recibiéramos
recibíais	recibierais
recibían	recibieran

Preterite	*Future*
recibí	recibiré
recibiste	recibirás
recibió	recibirá
recibimos	recibiremos
recibisteis	recibiréis
recibieron	recibirán

Perfect indicative	*Conditional*
he recibido	recibiría
has recibido	recibirías
ha recibido	recibiría
hemos recibido	recibiríamos
habéis recibido	recibiríais
han recibido	recibirían

Pluperfect indicative	*Imperative*
había recibido	–
habías recibido	recibe
había recibido	reciba
habíamos recibido	recibamos
habíais recibido	recibid
habían recibido	reciban

140

recordar *to remember*

Gerund recordando *Past participle* recordado

Present indicative	*Present subjunctive*
recuerdo	recuerde
recuerdas	recuerdes
recuerda	recuerde
recordamos	recordemos
recordáis	recordéis
recuerdan	recuerden

Imperfect indicative	*Imperfect subjunctive*
recordaba	recordara
recordabas	recordaras
recordaba	recordara
recordábamos	recordáramos
recordabais	recordarais
recordaban	recordaran

Preterite	*Future*
recordé	recordaré
recordaste	recordarás
recordó	recordará
recordamos	recordaremos
recordasteis	recordaréis
recordaron	recordarán

Perfect indicative	*Conditional*
he recordado	recordaría
has recordado	recordarías
ha recordado	recordaría
hemos recordado	recordaríamos
habéis recordado	recordaríais
han recordado	recordarían

Pluperfect indicative	*Imperative*
había recordado	–
habías recordado	recuerda
había recordado	recuerde
habíamos recordado	recordemos
habíais recordado	recordad
habían recordado	recuerden

141

reducir *to reduce*

Gerund reduciendo *Past participle* reducido

Present indicative	*Present subjunctive*
reduzco	reduzca
reduces	reduzcas
reduce	reduzca
reducimos	reduzcamos
reducís	reduzcáis
reducen	reduzcan

Imperfect indicative	*Imperfect subjunctive*
reducía	redujera
reducías	redujeras
reducía	redujera
reducíamos	redujéramos
reducíais	redujerais
reducían	redujeran

Preterite	*Future*
reduje	reduciré
redujiste	reducirás
redujo	reducirá
redujimos	reduciremos
redujisteis	reduciréis
redujeron	reducirán

Perfect indicative	*Conditional*
he reducido	reduciría
has reducido	reducirías
ha reducido	reduciría
hemos reducido	reduciríamos
habéis reducido	reduciríais
han reducido	reducirían

Pluperfect indicative	*Imperative*
había reducido	–
habías reducido	reduce
había reducido	reduzca
habíamos reducido	reduzcamos
habíais reducido	reducid
habían reducido	reduzcan

rehusar *to refuse*

Gerund rehusando *Past participle* rehusado

Present indicative	*Present subjunctive*
rehúso	rehúse
rehúsas	rehúses
rehúsa	rehúse
rehusamos	rehusemos
rehusáis	rehuséis
rehúsan	rehúsen

Imperfect indicative	*Imperfect subjunctive*
rehusaba	rehusara
rehusabas	rehusaras
rehusaba	rehusara
rehusábamos	rehusáramos
rehusabais	rehusarais
rehusaban	rehusaran

Preterite	*Future*
rehusé	rehusaré
rehusaste	rehusarás
rehusó	rehusará
rehusamos	rehusaremos
rehusasteis	rehusaréis
rehusaron	rehusarán

Perfect indicative	*Conditional*
he rehusado	rehusaría
has rehusado	rehusarías
ha rehusado	rehusaría
hemos rehusado	rehusaríamos
habéis rehusado	rehusaríais
han rehusado	rehusarían

Pluperfect indicative	*Imperative*
había rehusado	–
habías rehusado	rehúsa
había rehusado	rehúse
habíamos rehusado	rehusemos
habíais rehusado	rehusad
habían rehusado	rehúsen

143

reír *to laugh*

Gerund riendo *Past participle* reído

Present indicative	*Present subjunctive*
río	ría
ríes	rías
ríe	ría
reímos	riamos
reís	riáis
ríen	rían

Imperfect indicative	*Imperfect subjunctive*
reía	riera
reías	rieras
reía	riera
reíamos	riéramos
reíais	rierais
reían	rieran

Preterite	*Future*
reí	reiré
reíste	reirás
rió	reirá
reímos	reiremos
reísteis	reiréis
rieron	reirán

Perfect indicative	*Conditional*
he reído	reiría
has reído	reirías
ha reído	reiría
hemos reído	reiríamos
habéis reído	reiríais
han reído	reirían

Pluperfect indicative	*Imperative*
había reído	–
habías reído	ríe
había reído	ría
habíamos reído	riamos
habíais reído	reíd
habían reído	rían

reñir *to quarrel*

Gerund riñendo *Past participle* reñido

Present indicative	*Present subjunctive*
riño	riña
riñes	riñas
riñe	riña
reñimos	riñamos
reñís	riñáis
riñen	riñan

Imperfect indicative	*Imperfect subjunctive*
reñía	riñera
reñías	riñeras
reñía	riñera
reñíamos	riñéramos
reñíais	riñerais
reñían	riñeran

Preterite	*Future*
reñí	reñiré
reñiste	reñirás
riñó	reñirá
reñimos	reñiremos
reñisteis	reñiréis
riñeron	reñirán

Perfect indicative	*Conditional*
he reñido	reñiría
has reñido	reñirías
ha reñido	reñiría
hemos reñido	reñiríamos
habéis reñido	reñiríais
han reñido	reñirían

Pluperfect indicative	*Imperative*
había reñido	–
habías reñido	riñe
había reñido	riña
habíamos reñido	riñamos
habíais reñido	reñid
habían reñido	riñan

repetir *to repeat*

Gerund repitiendo *Past participle* repetido

Present indicative	*Present subjunctive*
repito	repita
repites	repitas
repite	repita
repetimos	repitamos
repetís	repitáis
repiten	repitan

Imperfect indicative	*Imperfect subjunctive*
repetía	repitiera
repetías	repitieras
repetía	repitiera
repetíamos	repitiéramos
repetíais	repitierais
repetían	repitieran

Preterite	*Future*
repetí	repetiré
repetiste	repetirás
repitió	repetirá
repetimos	repetiremos
repetisteis	repetiréis
repitieron	repetirán

Perfect indicative	*Conditional*
he repetido	repetiría
has repetido	repetirías
ha repetido	repetiría
hemos repetido	repetiríamos
habéis repetido	repetiríais
han repetido	repetirían

Pluperfect indicative	*Imperative*
había repetido	–
habías repetido	repite
había repetido	repita
habíamos repetido	repitamos
habíais repetido	repetid
habían repetido	repitan

rogar *to plead, to beg*

Gerund rogando *Past participle* rogado

Present indicative	*Present subjunctive*
ruego	ruegue
ruegas	ruegues
ruega	ruegue
rogamos	roguemos
rogáis	roguéis
ruegan	rueguen

Imperfect indicative	*Imperfect subjunctive*
rogaba	rogara
rogabas	rogaras
rogaba	rogara
rogábamos	rogáramos
rogabais	rogarais
rogaban	rogaran

Preterite	*Future*
rogué	rogaré
rogaste	rogarás
rogó	rogará
rogamos	rogaremos
rogasteis	rogaréis
rogaron	rogarán

Perfect indicative	*Conditional*
he rogado	rogaría
has rogado	rogarías
ha rogado	rogaría
hemos rogado	rogaríamos
habéis rogado	rogaríais
han rogado	rogarían

Pluperfect indicative	*Imperative*
había rogado	–
habías rogado	ruega
había rogado	ruegue
habíamos rogado	roguemos
habíais rogado	rogad
habían rogado	rueguen

romper *to break*

Gerund rompiendo *Past participle* roto

Present indicative	*Present subjunctive*
rompo	rompa
rompes	rompas
rompe	rompa
rompemos	rompamos
rompéis	rompáis
rompen	rompan

Imperfect indicative	*Imperfect subjunctive*
rompía	rompiera
rompías	rompieras
rompía	rompiera
rompíamos	rompiéramos
rompíais	rompierais
rompían	rompieran

Preterite	*Future*
rompí	romperé
rompiste	romperás
rompió	romperá
rompimos	romperemos
rompisteis	romperéis
rompieron	romperán

Perfect indicative	*Conditional*
he roto	rompería
has roto	romperías
ha roto	rompería
hemos roto	romperíamos
habéis roto	romperíais
han roto	romperían

Pluperfect indicative	*Imperative*
había roto	–
habías roto	rompe
había roto	rompa
habíamos roto	rompamos
habíais roto	romped
habían roto	rompan

saber *to know*

Gerund sabiendo *Past participle* sabido

Present indicative	*Present subjunctive*
sé	sepa
sabes	sepas
sabe	sepa
sabemos	sepamos
sabéis	sepáis
saben	sepan

Imperfect indicative	*Imperfect subjunctive*
sabía	supiera
sabías	supieras
sabía	supiera
sabíamos	supiéramos
sabíais	supierais
sabían	supieran

Preterite	*Future*
supe	sabré
supiste	sabrás
supo	sabrá
supimos	sabremos
supisteis	sabréis
supieron	sabrán

Perfect indicative	*Conditional*
he sabido	sabría
has sabido	sabrías
ha sabido	sabría
hemos sabido	sabríamos
habéis sabido	sabríais
han sabido	sabrían

Pluperfect indicative	*Imperative*
había sabido	–
habías sabido	sabe
había sabido	sepa
habíamos sabido	sepamos
habíais sabido	sabed
habían sabido	sepan

sacar *to take out*

Gerund sacando *Past participle* sacado

Present indicative	*Present subjunctive*
saco	saque
sacas	saques
saca	saque
sacamos	saquemos
sacáis	saquéis
sacan	saquen

Imperfect indicative	*Imperfect subjunctive*
sacaba	sacara
sacabas	sacaras
sacaba	sacara
sacábamos	sacáramos
sacabais	sacarais
sacaban	sacaran

Preterite	*Future*
saqué	sacaré
sacaste	sacarás
sacó	sacará
sacamos	sacaremos
sacasteis	sacaréis
sacaron	sacarán

Perfect indicative	*Conditional*
he sacado	sacaría
has sacado	sacarías
ha sacado	sacaría
hemos sacado	sacaríamos
habéis sacado	sacaríais
han sacado	sacarían

Pluperfect indicative	*Imperative*
había sacado	–
habías sacado	saca
había sacado	saque
habíamos sacado	saquemos
habíais sacado	sacad
habían sacado	saquen

salir *to go out*
Gerund saliendo *Past participle* salido

Present indicative	*Present subjunctive*
salgo	salga
sales	salgas
sale	salga
salimos	salgamos
salís	salgáis
salen	salgan

Imperfect indicative	*Imperfect subjunctive*
salía	saliera
salías	salieras
salía	saliera
salíamos	saliéramos
salíais	salierais
salían	salieran

Preterite	*Future*
salí	saldré
saliste	saldrás
salió	saldrá
salimos	saldremos
salisteis	saldréis
salieron	saldrán

Perfect indicative	*Conditional*
he salido	saldría
has salido	saldrías
ha salido	saldría
hemos salido	saldríamos
habéis salido	saldríais
han salido	saldrían

Pluperfect indicative	*Imperative*
había salido	–
habías salido	sal
había salido	salga
habíamos salido	salgamos
habíais salido	salid
habían salido	salgan

satisfacer *to satisfy*

Gerund satisfaciendo *Past participle* satisfecho

Present indicative	*Present subjunctive*
satisfago	satisfaga
satisfaces	satisfagas
satisface	satisfaga
satisfacemos	satisfagamos
satisfacéis	satisfagáis
satisfacen	satisfagan

Imperfect indicative	*Imperfect subjunctive*
satisfacía	satisficiera
satisfacías	satisficieras
satisfacía	satisficiera
satisfacíamos	satisficiéramos
satisfacíais	satisficierais
satisfacían	satisficieran

Preterite	*Future*
satisfice	satisfaré
satisficiste	satisfarás
satisfizo	satisfará
satisficimos	satisfaremos
satisficisteis	satisfaréis
satisficieron	satisfarán

Perfect indicative	*Conditional*
he satisfecho	satisfaría
has satisfecho	satisfarías
ha satisfecho	satisfaría
hemos satisfecho	satisfaríamos
habéis satisfecho	satisfaríais
han satisfecho	satisfarían

Pluperfect indicative	*Imperative*
había satisfecho	–
habías satisfecho	satisfaz; satisface
había satisfecho	satisfaga
habíamos satisfecho	satisfagamos
habíais satisfecho	satisfaced
habían satisfecho	satisfagan

secar *to dry*

Gerund secando *Past participle* secado

Present indicative	*Present subjunctive*
seco	seque
secas	seques
seca	seque
secamos	sequemos
secáis	sequéis
secan	sequen

Imperfect indicative	*Imperfect subjunctive*
secaba	secara
secabas	secaras
secaba	secara
secábamos	secáramos
secabais	secarais
secaban	secaran

Preterite	*Future*
sequé	secaré
secaste	secarás
secó	secará
secamos	secaremos
secasteis	secaréis
secaron	secarán

Perfect indicative	*Conditional*
he secado	secaría
has secado	secarías
ha secado	secaría
hemos secado	secaríamos
habéis secado	secaríais
han secado	secarían

Pluperfect indicative	*Imperative*
había secado	–
habías secado	seca
había secado	seque
habíamos secado	sequemos
habíais secado	secad
habían secado	sequen

seguir *to follow*
Gerund siguiendo *Past participle* seguido

Present indicative	*Present subjunctive*
sigo	siga
sigues	sigas
sigue	siga
seguimos	sigamos
seguís	sigáis
siguen	sigan

Imperfect indicative	*Imperfect subjunctive*
seguía	siguiera
seguías	siguieras
seguía	siguiera
seguíamos	siguiéramos
seguíais	siguierais
seguían	siguieran

Preterite	*Future*
seguí	seguiré
seguiste	seguirás
siguió	seguirá
seguimos	seguiremos
seguisteis	seguiréis
siguieron	seguirán

Perfect indicative	*Conditional*
he seguido	seguiría
has seguido	seguirías
ha seguido	seguiría
hemos seguido	seguiríamos
habéis seguido	seguiríais
han seguido	seguirían

Pluperfect indicative	*Imperative*
había seguido	–
habías seguido	sigue
había seguido	siga
habíamos seguido	sigamos
habíais seguido	seguid
habían seguido	sigan

sentarse *to sit down*

Gerund sentándose *Past participle* sentado

Present indicative	*Present subjunctive*
me siento	me siente
te sientas	te sientes
se sienta	se siente
nos sentamos	nos sentemos
os sentáis	os sentéis
se sientan	se sienten

Imperfect indicative	*Imperfect subjunctive*
me sentaba	me sentara
te sentabas	te sentaras
se sentaba	se sentara
nos sentábamos	nos sentáramos
os sentabais	os sentarais
se sentaban	se sentaran

Preterite	*Future*
me senté	me sentaré
te sentaste	te sentarás
se sentó	se sentará
nos sentamos	nos sentaremos
os sentasteis	os sentaréis
se sentaron	se sentarán

Perfect indicative	*Conditional*
me he sentado	me sentaría
te has sentado	te sentarías
se ha sentado	se sentaría
nos hemos sentado	nos sentaríamos
os habéis sentado	os sentaríais
se han sentado	se sentarían

Pluperfect indicative	*Imperative*
me había sentado	–
te habías sentado	siéntate
se había sentado	siéntese
nos habíamos sentado	sentémonos
os habíais sentado	sentaos
se habían sentado	siéntense

sentir *to feel*

Gerund sintiendo *Past participle* sentido

Present indicative	*Present subjunctive*
siento	sienta
sientes	sientas
siente	sienta
sentimos	sintamos
sentís	sintáis
sienten	sientan

Imperfect indicative	*Imperfect subjunctive*
sentía	sintiera
sentías	sintieras
sentía	sintiera
sentíamos	sintiéramos
sentíais	sintierais
sentían	sintieran

Preterite	*Future*
sentí	sentiré
sentiste	sentirás
sintió	sentirá
sentimos	sentiremos
sentisteis	sentiréis
sintieron	sentirán

Perfect indicative	*Conditional*
he sentido	sentiría
has sentido	sentirías
ha sentido	sentiría
hemos sentido	sentiríamos
habéis sentido	sentiríais
han sentido	sentirían

Pluperfect indicative	*Imperative*
había sentido	–
habías sentido	siente
había sentido	sienta
habíamos sentido	sintamos
habíais sentido	sentid
habían sentido	sientan

ser *to be*

Gerund siendo *Past participle* sido

Present indicative	*Present subjunctive*
soy	sea
eres	seas
es	sea
somos	seamos
sois	seáis
son	sean

Imperfect indicative	*Imperfect subjunctive*
era	fuera
eras	fueras
era	fuera
éramos	fuéramos
erais	fuerais
eran	fueran

Preterite	*Future*
fui	seré
fuiste	serás
fue	será
fuimos	seremos
fuisteis	seréis
fueron	serán

Perfect indicative	*Conditional*
he sido	sería
has sido	serías
ha sido	sería
hemos sido	seríamos
habéis sido	seríais
han sido	serían

Pluperfect indicative	*Imperative*
había sido	–
habías sido	sé
había sido	sea
habíamos sido	seamos
habíais sido	sed
habían sido	sean

servir *to serve*

Gerund sirviendo *Past participle* servido

Present indicative	*Present subjunctive*
sirvo	sirva
sirves	sirvas
sirve	sirva
servimos	sirvamos
servís	sirváis
sirven	sirvan

Imperfect indicative	*Imperfect subjunctive*
servía	sirviera
servías	sirvieras
servía	sirviera
servíamos	sirviéramos
servíais	sirvierais
servían	sirvieran

Preterite	*Future*
serví	serviré
serviste	servirás
sirvió	servirá
servimos	serviremos
servisteis	serviréis
sirvieron	servirán

Perfect indicative	*Conditional*
he servido	serviría
has servido	servirías
ha servido	serviría
hemos servido	serviríamos
habéis servido	serviríais
han servido	servirían

Pluperfect indicative	*Imperative*
había servido	–
habías servido	sirve
había servido	sirva
habíamos servido	sirvamos
habíais servido	servid
habían servido	sirvan

situar *to situate*

Gerund situando *Past participle* situado

Present indicative	*Present subjunctive*
sitúo	sitúe
sitúas	sitúes
sitúa	sitúe
situamos	situemos
situáis	situéis
sitúan	sitúen

Imperfect indicative	*Imperfect subjunctive*
situaba	situara
situabas	situaras
situaba	situara
situábamos	situáramos
situabais	situarais
situaban	situaran

Preterite	*Future*
situé	situaré
situaste	situarás
situó	situará
situamos	situaremos
situasteis	situaréis
situaron	situarán

Perfect indicative	*Conditional*
he situado	situaría
has situado	situarías
ha situado	situaría
hemos situado	situaríamos
habéis situado	situaríais
han situado	situarían

Pluperfect indicative	*Imperative*
había situado	–
habías situado	sitúa
había situado	sitúe
habíamos situado	situemos
habíais situado	situad
habían situado	sitúen

soler *to be accustomed to*

Gerund soliendo *Past participle* solido

Present indicative	*Present subjunctive*
suelo	suela
sueles	suelas
suele	suela
solemos	solamos
soléis	soláis
suelen	suelan

Imperfect indicative	*Imperfect subjunctive*
solía	soliera
solías	solieras
solía	soliera
solíamos	soliéramos
solíais	solierais
solían	solieran

Preterite	*Future*
solí	–
soliste	–
solió	–
solimos	–
solisteis	–
solieron	–

Perfect indicative	*Conditional*
–	–
–	–
–	–
–	–
–	–
–	–

Pluperfect indicative	*Imperative*
–	—
–	
–	
–	
–	
–	

soñar *to dream*

Gerund soñando *Past participle* soñado

Present indicative	*Present subjunctive*
sueño	sueñe
sueñas	sueñes
sueña	sueñe
soñamos	soñemos
soñáis	soñéis
sueñan	sueñen

Imperfect indicative	*Imperfect subjunctive*
soñaba	soñara
soñabas	soñaras
soñaba	soñara
soñábamos	soñáramos
soñabais	soñarais
soñaban	soñaran

Preterite	*Future*
soñé	soñaré
soñaste	soñarás
soñó	soñará
soñamos	soñaremos
soñasteis	soñaréis
soñaron	soñarán

Perfect indicative	*Conditional*
he soñado	soñaría
has soñado	soñarías
ha soñado	soñaría
hemos soñado	soñaríamos
habéis soñado	soñaríais
han soñado	soñarían

Pluperfect indicative	*Imperative*
había soñado	–
habías soñado	sueña
había soñado	sueñe
habíamos soñado	soñemos
habíais soñado	soñad
habían soñado	sueñen

sonreír *to smile*

Gerund sonriendo *Past participle* sonreído

Present indicative	*Present subjunctive*
sonrío	sonría
sonríes	sonrías
sonríe	sonría
sonreímos	sonriamos
sonreís	sonriáis
sonríen	sonrían

Imperfect indicative	*Imperfect subjunctive*
sonreía	sonriera
sonreías	sonrieras
sonreía	sonriera
sonreíamos	sonriéramos
sonreíais	sonrierais
sonreían	sonrieran

Preterite	*Future*
sonreí	sonreiré
sonreíste	sonreirás
sonrió	sonreirá
sonreímos	sonreiremos
sonreísteis	sonreiréis
sonrieron	sonreirán

Perfect indicative	*Conditional*
he sonreído	sonreiría
has sonreído	sonreirías
ha sonreído	sonreiría
hemos sonreído	sonreiríamos
habéis sonreído	sonreiríais
han sonreído	sonreirían

Pluperfect indicative	*Imperative*
había sonreído	–
habías sonreído	sonríe
había sonreído	sonría
habíamos sonreído	sonriamos
habíais sonreído	sonreíd
habían sonreído	sonrían

subir *to go up*
Gerund subiendo *Past participle* subido

Present indicative	*Present subjunctive*
subo	suba
subes	subas
sube	suba
subimos	subamos
subís	subáis
suben	suban

Imperfect indicative	*Imperfect subjunctive*
subía	subiera
subías	subieras
subía	subiera
subíamos	subiéramos
subíais	subierais
subían	subieran

Preterite	*Future*
subí	subiré
subiste	subirás
subió	subirá
subimos	subiremos
subisteis	subiréis
subieron	subirán

Perfect indicative	*Conditional*
he subido	subiría
has subido	subirías
ha subido	subiría
hemos subido	subiríamos
habéis subido	subiríais
han subido	subirían

Pluperfect indicative	*Imperative*
había subido	–
habías subido	sube
había subido	suba
habíamos subido	subamos
habíais subido	subid
habían subido	suban

sugerir *to suggest*
Gerund sugiriendo *Past participle* sugerido

Present indicative
sugiero
sugieres
sugiere
sugerimos
sugerís
sugieren

Presuger subjunctive
sugiera
sugieras
sugiera
sugiramos
sugiráis
sugieran

Imperfect indicative
sugería
sugerías
sugería
sugeríamos
sugeríais
sugerían

Imperfect subjunctive
sugiriera
sugirieras
sugiriera
sugiriéramos
sugirierais
sugirieran

Preterite
sugerí
sugeriste
sugirió
sugerimos
sugeristeis
sugirieron

Future
sugeriré
sugerirás
sugerirá
sugeriremos
sugeriréis
sugerirán

Perfect indicative
he sugerido
has sugerido
ha sugerido
hemos sugerido
habéis sugerido
han sugerido

Conditional
sugeriría
sugerirías
sugeriría
sugeriríamos
sugeriríais
sugerirían

Pluperfect indicative
había sugerido
habías sugerido
había sugerido
habíamos sugerido
habíais sugerido
habían sugerido

Imperative
–
sugiere
sugiera
sugiramos
sugerid
sugieran

tener *to have*

Gerund teniendo *Past participle* tenido

Present indicative	*Present subjunctive*
tengo	tenga
tienes	tengas
tiene	tenga
tenemos	tengamos
tenéis	tengáis
tienen	tengan

Imperfect indicative	*Imperfect subjunctive*
tenía	tuviera
tenías	tuvieras
tenía	tuviera
teníamos	tuviéramos
teníais	tuvierais
tenían	tuvieran

Preterite	*Future*
tuve	tendré
tuviste	tendrás
tuvo	tendrá
tuvimos	tendremos
tuvisteis	tendréis
tuvieron	tendrán

Perfect indicative	*Conditional*
he tenido	tendría
has tenido	tendrías
ha tenido	tendría
hemos tenido	tendríamos
habéis tenido	tendríais
han tenido	tendrían

Pluperfect indicative	*Imperative*
había tenido	–
habías tenido	ten
había tenido	tenga
habíamos tenido	tengamos
habíais tenido	tened
habían tenido	tengan

terminar *to finish*

Gerund terminando *Past participle* terminado

Present indicative	*Present subjunctive*
termino	termine
terminas	termines
termina	termine
terminamos	terminemos
termináis	terminéis
terminan	terminen

Imperfect indicative	*Imperfect subjunctive*
terminaba	terminara
terminabas	terminaras
terminaba	terminara
terminábamos	termináramos
terminabais	terminarais
terminaban	terminaran

Preterite	*Future*
terminé	terminaré
terminaste	terminarás
terminó	terminará
terminamos	terminaremos
terminasteis	terminaréis
terminaron	terminarán

Perfect indicative	*Conditional*
he terminado	terminaría
has terminado	terminarías
ha terminado	terminaría
hemos terminado	terminaríamos
habéis terminado	terminaríais
han terminado	terminarían

Pluperfect indicative	*Imperative*
había terminado	–
habías terminado	termina
había terminado	termine
habíamos terminado	terminemos
habíais terminado	terminad
habían terminado	terminen

tocar *to touch*

Gerund tocando *Past participle* tocado

Present indicative	*Present subjunctive*
toco	toque
tocas	toques
toca	toque
tocamos	toquemos
tocáis	toquéis
tocan	toquen

Imperfect indicative	*Imperfect subjunctive*
tocaba	tocara
tocabas	tocaras
tocaba	tocara
tocábamos	tocáramos
tocabais	tocarais
tocaban	tocaran

Preterite	*Future*
toqué	tocaré
tocaste	tocarás
tocó	tocará
tocamos	tocaremos
tocasteis	tocaréis
tocaron	tocarán

Perfect indicative	*Conditional*
he tocado	tocaría
has tocado	tocarías
ha tocado	tocaría
hemos tocado	tocaríamos
habéis tocado	tocaríais
han tocado	tocarían

Pluperfect indicative	*Imperative*
había tocado	–
habías tocado	toca
había tocado	toque
habíamos tocado	toquemos
habíais tocado	tocad
habían tocado	toquen

tomar *to take*

Gerund tomando *Past participle* tomado

Present indicative	*Present subjunctive*
tomo	tome
tomas	tomes
toma	tome
tomamos	tomemos
tomáis	toméis
toman	tomen

Imperfect indicative	*Imperfect subjunctive*
tomaba	tomara
tomabas	tomaras
tomaba	tomara
tomábamos	tomáramos
tomabais	tomarais
tomaban	tomaran

Preterite	*Future*
tomé	tomaré
tomaste	tomarás
tomó	tomará
tomamos	tomaremos
tomasteis	tomaréis
tomaron	tomarán

Perfect indicative	*Conditional*
he tomado	tomaría
has tomado	tomarías
ha tomado	tomaría
hemos tomado	tomaríamos
habéis tomado	tomaríais
han tomado	tomarían

Pluperfect indicative	*Imperative*
había tomado	–
habías tomado	toma
había tomado	tome
habíamos tomado	tomemos
habíais tomado	tomad
habían tomado	tomen

torcer *to twist*

Gerund torciendo *Past participle* torcido

Present indicative	*Present subjunctive*
tuerzo	tuerza
tuerces	tuerzas
tuerce	tuerza
torcemos	torzamos
torcéis	torzáis
tuercen	tuerzan

Imperfect indicative	*Imperfect subjunctive*
torcía	torciera
torcías	torcieras
torcía	torciera
torcíamos	torciéramos
torcíais	torcierais
torcían	torcieran

Preterite	*Future*
torcí	torceré
torciste	torcerás
torció	torcerá
torcimos	torceremos
torcisteis	torceréis
torcieron	torcerán

Perfect indicative	*Conditional*
he torcido	torcería
has torcido	torcerías
ha torcido	torcería
hemos torcido	torceríamos
habéis torcido	torceríais
han torcido	torcerían

Pluperfect indicative	*Imperative*
había torcido	–
habías torcido	tuerce
había torcido	tuerza
habíamos torcido	torzamos
habíais torcido	torced
habían torcido	tuerzan

toser *to cough*

Gerund tosiendo *Past participle* tosido

Present indicative	*Present subjunctive*
toso	tosa
toses	tosas
tose	tosa
tosemos	tosamos
toséis	tosáis
tosen	tosan

Imperfect indicative	*Imperfect subjunctive*
tosía	tosiera
tosías	tosieras
tosía	tosiera
tosíamos	tosiéramos
tosíais	tosierais
tosían	tosieran

Preterite	*Future*
tosí	toseré
tosiste	toserás
tosió	toserá
tosimos	toseremos
tosisteis	toseréis
tosieron	toserán

Perfect indicative	*Conditional*
he tosido	tosería
has tosido	toserías
ha tosido	tosería
hemos tosido	toseríamos
habéis tosido	toseríais
han tosido	toserían

Pluperfect indicative	*Imperative*
había tosido	–
habías tosido	tose
había tosido	tosa
habíamos tosido	tosamos
habíais tosido	tosed
habían tosido	tosan

trabajar *to work*

Gerund trabajando *Past participle* trabajado

Present indicative	*Present subjunctive*
trabajo	trabaje
trabajas	trabajes
trabaja	trabaje
trabajamos	trabajemos
trabajáis	trabajéis
trabajan	trabajen

Imperfect indicative	*Imperfect subjunctive*
trabajaba	trabajara
trabajabas	trabajaras
trabajaba	trabajara
trabajábamos	trabajáramos
trabajabais	trabajarais
trabajaban	trabajaran

Preterite	*Future*
trabajé	trabajaré
trabajaste	trabajarás
trabajó	trabajará
trabajamos	trabajaremos
trabajasteis	trabajaréis
trabajaron	trabajarán

Perfect indicative	*Conditional*
he trabajado	trabajaría
has trabajado	trabajarías
ha trabajado	trabajaría
hemos trabajado	trabajaríamos
habéis trabajado	trabajaríais
han trabajado	trabajarían

Pluperfect indicative	*Imperative*
había trabajado	–
habías trabajado	trabaja
había trabajado	trabaje
habíamos trabajado	trabajemos
habíais trabajado	trabajad
habían trabajado	trabajen

traducir *to translate*

Gerund traduciendo *Past participle* traducido

Present indicative	*Present subjunctive*
traduzco	traduzca
traduces	traduzcas
traduce	traduzca
traducimos	traduzcamos
traducís	traduzcáis
traducen	traduzcan

Imperfect indicative	*Imperfect subjunctive*
traducía	tradujera
traducías	tradujeras
traducía	tradujera
traducíamos	tradujéramos
traducíais	tradujerais
traducían	tradujeran

Preterite	*Future*
traduje	traduciré
tradujiste	traducirás
tradujo	traducirá
tradujimos	traduciremos
tradujisteis	traduciréis
tradujeron	traducirán

Perfect indicative	*Conditional*
he traducido	traduciría
has traducido	traducirías
ha traducido	traduciría
hemos traducido	traduciríamos
habéis traducido	traduciríais
han traducido	traducirían

Pluperfect indicative	*Imperative*
había traducido	–
habías traducido	traduce
había traducido	traduzca
habíamos traducido	traduzcamos
habíais traducido	traducid
habían traducido	traduzcan

172

traer *to bring*

Gerund trayendo *Past participle* traído

Present inditrative	*Present subjunctive*
traigo	traiga
traes	traigas
trae	traiga
traemos	traigamos
traéis	traigáis
traen	traigan

Imperfect inditrative	*Imperfect subjunctive*
traía	trajera
traías	trajeras
traía	trajera
traíamos	trajéramos
traíais	trajerais
traían	trajeran

Preterite	*Future*
traje	traeré
trajiste	traerás
trajo	traerá
trajimos	traeremos
trajisteis	traeréis
trajeron	traerán

Perfect inditrative	*Conditional*
he traído	traería
has traído	traerías
ha traído	traería
hemos traído	traeríamos
habéis traído	traeríais
han traído	traerían

Pluperfect inditrative	*Imperative*
había traído	–
habías traído	trae
había traído	traiga
habíamos traído	traigamos
habíais traído	traed
habían traído	traigan

tropezar *to stumble*

Gerund tropezando *Past participle* tropezado

Present indicative	*Present subjunctive*
tropiezo	tropiece
tropiezas	tropieces
tropieza	tropiece
tropezamos	tropecemos
tropezáis	tropecéis
tropiezan	tropiecen

Imperfect indicative	*Imperfect subjunctive*
tropezaba	tropezara
tropezabas	tropezaras
tropezaba	tropezara
tropezábamos	tropezáramos
tropezabais	tropezarais
tropezaban	tropezaran

Preterite	*Future*
tropecé	tropezaré
tropezaste	tropezarás
tropezó	tropezará
tropezamos	tropezaremos
tropezasteis	tropezaréis
tropezaron	tropezarán

Perfect indicative	*Conditional*
he tropezado	tropezaría
has tropezado	tropezarías
ha tropezado	tropezaría
hemos tropezado	tropezaríamos
habéis tropezado	tropezaríais
han tropezado	tropezarían

Pluperfect indicative	*Imperative*
había tropezado	–
habías tropezado	tropieza
había tropezado	tropiece
habíamos tropezado	tropecemos
habíais tropezado	tropezad
habían tropezado	tropiecen

vaciar *to empty*

Gerund vaciando *Past participle* vaciado

Present indicative	*Present subjunctive*
vacío	vacíe
vacías	vacíes
vacía	vacíe
vaciamos	vaciemos
vaciáis	vaciéis
vacían	vacíen

Imperfect indicative	*Imperfect subjunctive*
vaciaba	vaciara
vaciabas	vaciaras
vaciaba	vaciara
vaciábamos	vaciáramos
vaciabais	vaciarais
vaciaban	vaciaran

Preterite	*Future*
vacié	vaciaré
vaciaste	vaciarás
vació	vaciará
vaciamos	vaciaremos
vaciasteis	vaciaréis
vaciaron	vaciarán

Perfect indicative	*Conditional*
he vaciado	vaciaría
has vaciado	vaciarías
ha vaciado	vaciaría
hemos vaciado	vaciaríamos
habéis vaciado	vaciaríais
han vaciado	vaciarían

Pluperfect indicative	*Imperative*
había vaciado	–
habías vaciado	vacía
había vaciado	vacíe
habíamos vaciado	vaciemos
habíais vaciado	vaciad
habían vaciado	vacíen

valer *to be worth*

Gerund valiendo *Past participle* valido

Present indicative	*Present subjunctive*
valgo	valga
vales	valgas
vale	valga
valemos	valgamos
valéis	valgáis
valen	valgan

Imperfect indicative	*Imperfect subjunctive*
valía	valiera
valías	valieras
valía	valiera
valíamos	valiéramos
valíais	valierais
valían	valieran

Preterite	*Future*
valí	valdré
valiste	valdrás
valió	valdrá
valimos	valdremos
valisteis	valdréis
valieron	valdrán

Perfect indicative	*Conditional*
he valido	valdría
has valido	valdrías
ha valido	valdría
hemos valido	valdríamos
habéis valido	valdríais
han valido	valdrían

Pluperfect indicative	*Imperative*
había valido	–
habías valido	vale
había valido	valga
habíamos valido	valgamos
habíais valido	valed
habían valido	valgan

vencer *to win*

Gerund venciendo *Past participle* vencido

Present indicative	*Present subjunctive*
venzo	venza
vences	venzas
vence	venza
vencemos	venzamos
vencéis	venzáis
vencen	venzan

Imperfect indicative	*Imperfect subjunctive*
vencía	venciera
vencías	vencieras
vencía	venciera
vencíamos	venciéramos
vencíais	vencierais
vencían	vencieran

Preterite	*Future*
vencí	venceré
venciste	vencerás
venció	vencerá
vencimos	venceremos
vencisteis	venceréis
vencieron	vencerán

Perfect indicative	*Conditional*
he vencido	vencería
has vencido	vencerías
ha vencido	vencería
hemos vencido	venceríamos
habéis vencido	venceríais
han vencido	vencerían

Pluperfect indicative	*Imperative*
había vencido	–
habías vencido	vence
había vencido	venza
habíamos vencido	venzamos
habíais vencido	venced
habían vencido	venzan

vender *to sell*

Gerund vendiendo *Past participle* vendido

Present indicative	*Present subjunctive*
vendo	venda
vendes	vendas
vende	venda
vendemos	vendamos
vendéis	vendáis
venden	vendan

Imperfect indicative	*Imperfect subjunctive*
vendía	vendiera
vendías	vendieras
vendía	vendiera
vendíamos	vendiéramos
vendíais	vendierais
vendían	vendieran

Preterite	*Future*
vendí	venderé
vendiste	venderás
vendió	venderá
vendimos	venderemos
vendisteis	venderéis
vendieron	venderán

Perfect indicative	*Conditional*
he vendido	vendería
has vendido	venderías
ha vendido	vendería
hemos vendido	venderíamos
habéis vendido	venderíais
han vendido	venderían

Pluperfect indicative	*Imperative*
había vendido	–
habías vendido	vende
había vendido	venda
habíamos vendido	vendamos
habíais vendido	vended
habían vendido	vendan

venir *to come*

Gerund viniendo *Past participle* venido

Present indicative	*Present subjunctive*
vengo	venga
vienes	vengas
viene	venga
venimos	vengamos
venís	vengáis
vicnen	vengan

Imperfect indicative	*Imperfect subjunctive*
venía	viniera
venías	vinieras
venía	viniera
veníamos	viniéramos
veníais	vinierais
venían	vinieran

Preterite	*Future*
vine	vendré
viniste	vendrás
vino	vendrá
vinimos	vendremos
vinisteis	vendréis
vinieron	vendrán

Perfect indicative	*Conditional*
he venido	vendría
has venido	vendrías
ha venido	vendría
hemos venido	vendríamos
habéis venido	vendríais
han venido	vendrían

Pluperfect indicative	*Imperative*
había venido	–
habías venido	ven
había venido	venga
habíamos venido	vengamos
habíais venido	venid
habían venido	vengan

ver *to see*

Gerund viendo *Past participle* visto

Present indicative	*Present subjunctive*
veo	vea
ves	veas
ve	vea
vemos	veamos
veis	veáis
ven	vean

Imperfect indicative	*Imperfect subjunctive*
veía	viera
veías	vieras
veía	viera
veíamos	viéramos
veíais	vierais
veían	vieran

Preterite	*Future*
vi	veré
viste	verás
vio	verá
vimos	veremos
visteis	veréis
vieron	verán

Perfect indicative	*Conditional*
he visto	vería
has visto	verías
ha visto	vería
hemos visto	veríamos
habéis visto	veríais
han visto	verían

Pluperfect indicative	*Imperative*
había visto	–
habías visto	ve
había visto	vea
habíamos visto	veamos
habíais visto	ved
habían visto	vean

vestirse *to get dressed*

Gerund vistiéndose *Past participle* vestido

Present indicative
me visto
te vistes
se viste
nos vestimos
os vestís
se visten

Imperfect indicative
me vestía
te vestías
se vestía
nos vestíamos
os vestíais
se vestían

Preterite
me vestí
te vestiste
se vistió
nos vestimos
os vestisteis
se vistieron

Perfect indicative
me he vestido
te has vestido
se ha vestido
nos hemos vestido
os habéis vestido
se han vestido

Pluperfect indicative
me había vestido
te habías vestido
se había vestido
nos habíamos vestido
os habíais vestido
se habían vestido

Present subjunctive
me vista
te vistas
se vista
nos vistamos
os vistáis
se vistan

Imperfect subjunctive
me vistiera
te vistieras
se vistiera
nos vistiéramos
os vistierais
se vistieran

Future
me vestiré
te vestirás
se vestirá
nos vestiremos
os vestiréis
se vestirán

Conditional
me vestiría
te vestirías
se vestiría
nos vestiríamos
os vestiríais
se vestirían

Imperative
–
vístete
vístase
vistámonos
vestíos
vístanse

181

viajar *to travel*

Gerund viajando *Past participle* viajado

Present indicative	*Present subjunctive*
viajo	viaje
viajas	viajes
viaja	viaje
viajamos	viajemos
viajáis	viajéis
viajan	viajen

Imperfect indicative	*Imperfect subjunctive*
viajaba	viajara
viajabas	viajaras
viajaba	viajara
viajábamos	viajáramos
viajabais	viajarais
viajaban	viajaran

Preterite	*Future*
viajé	viajaré
viajaste	viajarás
viajó	viajará
viajamos	viajaremos
viajasteis	viajaréis
viajaron	viajarán

Perfect indicative	*Conditional*
he viajado	viajaría
has viajado	viajarías
ha viajado	viajaría
hemos viajado	viajaríamos
habéis viajado	viajaríais
han viajado	viajarían

Pluperfect indicative	*Imperative*
había viajado	–
habías viajado	viaja
había viajado	viaje
habíamos viajado	viajemos
habíais viajado	viajad
habían viajado	viajen

vivir *to live*

Gerund viviendo *Past participle* vivido

Present indicative	*Present subjunctive*
vivo	viva
vives	vivas
vive	viva
vivimos	vivamos
vivís	viváis
viven	vivan

Imperfect indicative	*Imperfect subjunctive*
vivía	viviera
vivías	vivieras
vivía	viviera
vivíamos	viviéramos
vivíais	vivierais
vivían	vivieran

Preterite	*Future*
viví	viviré
viviste	vivirás
vivió	vivirá
vivimos	viviremos
vivisteis	viviréis
vivieron	vivirán

Perfect indicative	*Conditional*
he vivido	viviría
has vivido	vivirías
ha vivido	viviría
hemos vivido	viviríamos
habéis vivido	viviríais
han vivido	vivirían

Pluperfect indicative	*Imperative*
había vivido	–
habías vivido	vive
había vivido	viva
habíamos vivido	vivamos
habíais vivido	vivid
habían vivido	vivan

volar *to fly*

Gerund volando *Past participle* volado

Present indicative	*Present subjunctive*
vuelo	vuele
vuelas	vueles
vuela	vuele
volamos	volemos
voláis	voléis
vuelan	vuelen

Imperfect indicative	*Imperfect subjunctive*
volaba	volara
volabas	volaras
volaba	volara
volábamos	voláramos
volabais	volarais
volaban	volaran

Preterite	*Future*
volé	volaré
volaste	volarás
voló	volará
volamos	volaremos
volasteis	volaréis
volaron	volarán

Perfect indicative	*Conditional*
he volado	volaría
has volado	volarías
ha volado	volaría
hemos volado	volaríamos
habéis volado	volaríais
han volado	volarían

Pluperfect indicative	*Imperative*
había volado	–
habías volado	vuela
había volado	vuele
habíamos volado	volemos
habíais volado	volad
habían volado	vuelen

volver *to return*

Gerund volviendo *Past participle* vuelto

Present indicative	*Present subjunctive*
vuelvo	vuelva
vuelves	vuelvas
vuelve	vuelva
volvemos	volvamos
volvéis	volváis
vuelven	vuelvan

Imperfect indicative	*Imperfect subjunctive*
volvía	volviera
volvías	volvieras
volvía	volviera
volvíamos	volviéramos
volvíais	volvierais
volvían	volvieran

Preterite	*Future*
volví	volveré
volviste	volverás
volvió	volverá
volvimos	volveremos
volvisteis	volveréis
volvieron	volverán

Perfect indicative	*Conditional*
he vuelto	volvería
has vuelto	volverías
ha vuelto	volvería
hemos vuelto	volveríamos
habéis vuelto	volveríais
han vuelto	volverían

Pluperfect indicative	*Imperative*
había vuelto	–
habías vuelto	vuelve
había vuelto	vuelva
habíamos vuelto	volvamos
habíais vuelto	volved
habían vuelto	vuelvan

yacer *to lie*

Gerund yaciendo *Past participle* yacido

Present indicative	*Present subjunctive*
yaczco; yazgo; yago	yazca; yazga yaga
yaces	yazcas; yazgas; yagas
yace	yazca; yazga; yaga
yacemos	yazcamos; yazgamos; yagamos
yacéis	yazcáis; yazgáis; yagáis
yacen	yazcan; yazgan; yagan

Imperfect indicative	*Imperfect subjunctive*
yacía	yaciera
yacías	yacieras
yacía	yaciera
yacíamos	yaciéramos
yacíais	yacierais
yacían	yacieran

Preterite	*Future*
yací	yaceré
yaciste	yacerás
yació	yacerá
yacimos	yaceremos
yacisteis	yaceréis
yacieron	yacerán

Perfect indicative	*Conditional*
he yacido	yacería
has yacido	yacerías
ha yacido	yacería
hemos yacido	yaceríamos
habéis yacido	yaceríais
han yacido	yacerían

Pluperfect indicative	*Imperative*
había yacido	–
habías yacido	yace; yaz
había yacido	yazca; yazga yaga
habíamos yacido	yazcamos; yazgamos; yagamos
habíais yacido	yaced
habían yacido	yazcan; yazgan; yagan